最强大脑训练丛书

奇妙的分析

程顺文 编著

郑州大学出版社
郑州

图书在版编目(CIP)数据

奇妙的分析/程顺文编著.—郑州：郑州大学出版社，2016.10
（最强大脑训练）
ISBN 978-7-5645-2964-2

Ⅰ.①奇… Ⅱ.①程… Ⅲ.①智力游戏—少儿读物 Ⅳ.①G898.2

中国版本图书馆CIP数据核字(2016)第053998号

郑州大学出版社出版发行
郑州市大学路40号　　　　　　邮政编码:450052
出版人:张功员　　　　　　　　发行部电话:0371-66658405
全国新华书店经销
北京柯蓝博泰印务有限公司印制
开本:660mm×940mm　1/16
印张:10
字数:117千字
版次:2016年10月第1版　　　　印次:2016年10月第1次印刷

书号:ISBN 978-7-5645-2964-2　　定价:28.00元
本书如有印装质量问题,请向本社调换

前　言

所谓分析，就是把事物的整体分成各种部分、方面、因素，并对他们分别进行考察。分析的意义在于，细致地挖掘能解决问题的主线，并根据这条主线找到解决问题的方法。

我们的生活离不开分析。比如，当我们成绩不理想时，就要分析一下为什么没有取得好成绩：是没有掌握好知识点，还是不擅长某种题型，抑或是粗心大意？只有找到关键，我们才能更好地解决问题。

想要更好地解决问题，我们就地找到合适的分析方法。聪明的人，往往能够从不同的角度进行剖析分体，做出奇妙的分析，选择与众不同却效果卓越的解决方式。世界在他们眼中，往往有着不一样的脉络和契机。

是时候把这种分析问题的技巧学到手了。

本书就为你选取了很多聪明人分析问题的故事，邀请你一起来开动脑筋，和他们一起来捋顺事情的

脉络，寻找解决难题的办法。你将时而化身侦探，时而化身法官，时而化身科学家，探寻每个问题背后的答案。

我们由衷希望，书中这些奇妙的分析故事可以给你一些启发，让你在生活中变得更加聪明，任何难题在你面前，都能迎刃而解。

目 录

第一章 没有想到的结局 …………………………… 1

 1. 韩信画兵 ………………………………………… 2
 2. 增加女孩的方法 ………………………………… 3
 3. 犯人选择死法 …………………………………… 4
 4. 利用总统做广告 ………………………………… 5
 5. 石川美的自杀有假 ……………………………… 7
 6. 机智的老板 ……………………………………… 9
 7. 谁才是逃犯 ……………………………………… 10
 8. 消失的列车车厢 ………………………………… 12
 9. 如何传递密函 …………………………………… 14
 10. 爆炸是如何被引发的 ………………………… 15
 11. 青铜像案 ……………………………………… 17
 12. 揭穿谎言 ……………………………………… 19
 13. 是谁毒死了他 ………………………………… 19
 14. 令人满意的回答 ……………………………… 22
 15. 大冷天里的扇子 ……………………………… 23
 16. 枪响之后 ……………………………………… 24

第二章 仔仔细细的观察 …………………………… 27

 1. 凶手正是刘太太 ………………………………… 28
 2. 凶手是从这条路跑的 …………………………… 29

3. 埃菲尔铁塔的困惑 …… 30
4. 列车失窃案 …… 31
5. 洛克的证词 …… 33
6. 谁偷了喇叭 …… 35
7. 县令巧断案 …… 37
8. 霜地上的脚印 …… 38
9. 名画在谁身上 …… 41
10. 热带鱼的讯息 …… 43
11. 谁在说谎 …… 44
12. 威尼斯照片 …… 46
13. 进屋者是谁 …… 47
14. 巧破凶案 …… 48

第三章 奇异的思考乐趣 …… 50
1. 富商的遗嘱 …… 51
2. 巧妙利用玻璃球 …… 52
3. 机智的过桥 …… 53
4. 如何过河 …… 55
5. 一封国外来信 …… 56
6. 你不能罚我款 …… 58
7. 快与慢的比赛 …… 59
8. 贪心的袋子 …… 60
9. 神偷与保险柜 …… 62
10. 谁是漂亮的那个 …… 65
11. 找出不合格产品 …… 67
12. 死者写的字 …… 68
13. 手纸上的字母 …… 69
14. 我的房间呢 …… 70
15. 邮票背后的证据 …… 73
16. 招侦察员 …… 76

第四章 有趣味的想象力 …… 78

1. 烟袋的主人是谁 …… 79
2. 洋娃娃是什么颜色 …… 80
3. 送给国王的礼物 …… 81
4. 宝剑引起的风波 …… 82
5. 找出那筐轻的 …… 83
6. 用蚊香计时 …… 85
7. 如何避开小狗 …… 85
8. 地面上最高之处 …… 86
9. 分开卖咋亏了 …… 87
10. 被暗算的劫机犯 …… 88
11. 狮子的喷嚏 …… 89
12. 不在现场的证据 …… 91
13. 卧铺车厢的乘客 …… 92
14. 凋谢的玫瑰 …… 95
15. 咖啡杯之谜 …… 96
16. 死者是谁 …… 102

第五章 环环相扣的推理 …… 105

1. 我头上戴的帽子是黑颜色的 …… 106
2. 三条鱼来自哪里 …… 107
3. 划船人的证言 …… 109
4. 弟弟是凶手吗 …… 110
5. 关着的抽屉 …… 111
6. 巧用砝码 …… 112
7. 阿灵顿镇的一星期 …… 113
8. 充分利用小船 …… 115
9. 案卷的推理 …… 115
10. 谁养了宠物鱼 …… 117
11. 离奇的凶杀案 …… 119
12. 他们的角色 …… 122

13. 女人过桥 …………………………… 123
14. 逃脱死刑惩罚 ……………………… 124
15. 老字据的疑问 ……………………… 125

第六章 出乎预料的判断 …………………… 127
1. 别墅已经有人住过了 ……………… 128
2. 为什么变少了 ……………………… 129
3. 过桥救公主 ………………………… 130
4. 岛上还有人 ………………………… 131
5. 你眼睛才瞎 ………………………… 133
6. 死者身边的字母 …………………… 134
7. 遗产在哪里 ………………………… 136
8. 阴险的溺水案 ……………………… 137
9. 死者手里的扑克牌 ………………… 138
10. 冰下的少女 ………………………… 139
11. 咖啡暴露了凶手 …………………… 143
12. 博士的遗产 ………………………… 144
13. 汽车前盖上的猫爪印 ……………… 147
14. 密室被杀案 ………………………… 149
15. "邮局邮票"藏在什么地方 ………… 150

第一章

没有想到的结局

1 韩信画兵

刘邦的大臣萧何多次向他推荐智勇双全的韩信。可是刘邦看韩信年纪轻轻，不相信他有真才实学，总是用各种方法试探韩信的才能。

一次，刘邦故意交给韩信一块很小的布帛，让他在这块小布帛上尽可能多地画出士兵来。并且对韩信说："你能画出多少士兵，我就给你多少士兵让你带。"

一天后，韩信将布帛交还给了刘邦，刘邦看后笑了起来，连声说好，对韩信的回复十分满意。随后就任命韩信做了元帅，充分肯定了韩信的才能。

问题和思考

韩信究竟画了多少士兵，使得刘邦如此高兴呢？

答案和解析

事实上，韩信并没有在布帛上画一兵一卒，他只是画了一座城池，然后在城楼上画了一面帅旗罢了。里面包含的意思是：元帅手下肯定会有千军万马，这可比画满画布的兵卒多多了！

2 增加女孩的方法

有这么一个国家，由于多年重男轻女的封建传统，男女比例严重失衡了。

国王和大臣们看到这种男多女少的不平衡现象，十分头疼，一天到晚都在想着如何才能让女性的数量迅速地增长起来的办法。

有一天，国王想到一个好办法，他召集大臣们商议："我们可以这样做，如果一个母亲生下的是男孩，那她就没有资格再生孩子了。日子久了，我们国内的女性不就逐渐多起来了吗？"

大臣们都连连称是，于是，马上向全国颁布了这条新的政策。

问题和思考

这个政策真的能改善这个国家男女失衡的现状吗？

答案和解析

其实，如果真的执行这个政策的话，是没有任何效果的，是根本不可能让这个国家的女性多于男性的。因为，从大体和

长远来看，一个孕妇生男和生女的比例基本是1：1，即各占一半。假若生了男孩的母亲不能再怀第二胎，那么生了女孩的母亲在怀第二胎时，其生男生女的比例依旧还是1：1，所以，又有一批母亲会被淘汰下去，失去再生孩子的权力。而剩下的那些母亲，在再次怀孕后，生男生女依旧还是各占一半的概率。这样一来，生男孩和生女孩的数目基本上还是相等的。

因此，这个国家的女性比例是绝对不会因此而增加的。

3 犯人选择死法

战国时期，有一个人犯了死罪，应该被处死，国王依照国家的律法亲自监刑。这个人的认罪态度非常好，他一再忏悔自己的罪行，并请求国王看在自己家中有老母亲需要赡养的份上，饶恕自己。

国王也很为难，因为根据律法，这个人确实应该被处死，而且赦免也是有规定的，他没有可以被赦免的理由和依据啊。国王根据自己的权限，说："看你这么可怜，这样吧，你可以选择一种死法。"

这个人一听，马上高兴了起来，他迅速选择了一种死法。

国王听后大吃一惊，但是因为已经当着百姓的面答应了他的要求，而且国王说的话可是金口玉言呀，所以只好把他放了。

问题和思考

这个人到底选择了一种什么样的死法，竟然使得国王不得不把他释放了呢？

答案和解析

国王让这个人选择死法的本意是他可以选择一种使自己的痛苦轻一些的死法，如绞死或砍头等，以避开古代折磨人致死的更严酷的刑罚。但这个人抓住了国王说话的漏洞，只要是死就行的话，那我选择老死就是了。他选择的正是老死。所以国王只好把他放了。

4 利用总统做广告

有一位书商的手中存了一批滞销书，他很伤脑筋，整天盘算着如何把这批滞销书卖出去。有一次，他在电视里看到了一个节目，里面介绍了本国总统的起居与生活习惯，其中一个细节引起了这位书商的兴趣，即这位总统很爱读书。这个细节马上使书商想到了一个快速卖书的好办法。

他先是给总统送去了这批滞销书中的一本，然后多次打电话询问总统他对这本书的看法。

总统每天日理万机，忙得不可开交，对这一类的琐碎小事，自然是很不耐烦，便随口应付了一句"还不错"。于是，这位书商如获至宝，立即利用总统的这句话作为自己这批滞销书的广告。结果，书很快就销售一空了。

接下来，书商又想用同样的方法来推销他的另一批滞销书。可是上过一次当的总统再也不肯轻易对书做出任何评价了。然而聪明的书商还是巧妙地利用了总统，并且很快地卖光了自己的另一批滞销书。

问题和思考

这一次,书商是如何利用总统来为自己的滞销书做广告的呢？

答案和解析

由于这一次,总统死活不肯表态,于是书商就更夸张地打出了这样的广告语：这是一本连当今总统都无法轻易做出评价的书。既然连当今总统都不能轻易地对这本书做出评价,那么这本书就更加能引起读者的好奇,所以这批滞销书又一次很快卖光了。

5 石川美的自杀有假

有人用力敲打管理员王晓明的房门。王晓明打开房门一看,门外站着个陌生人。

"我叫李勇,是住 203 室的石川美的上司。这几天她没来公司上班,所以我来看看,觉得她房里有些不对劲儿,能不能请你跟我一道去看看?"

有些吃惊的王晓明同李勇一起来到石川美住的房间,敲了敲门,里面没有回应。

"该不会是……"李勇惊叫一声,用力撞开门,冲进了房间。

房间里充满了煤气味。煤气炉的阀门打开着,门窗都用胶布封了起来,躺在床上的女子已经死了,但看上去就像是在睡觉,很安详。床头柜上放着一个安眠药瓶。情况很明显,显然是自杀。

问题和思考

管理员王晓明对李勇的举动却感到很奇怪,并断定其是凶手这是为什么呢?

答案和解析

因为王晓明发现,门上的胶布在撞门前就开封了。

李勇在石川美服用了安眠药睡下之后,用胶布将门窗的缝都封上,再将煤气阀门打开,制造石川美使用煤气自杀的假象。但是,自己在出门时无论如何都要破坏门缝上的胶布。

大约两个小时之后,他又装作若无其事的样子叩开了管理员王晓明的房门,请他一道去看石川美的房间。带着王晓明来到石川美房前的李勇,用身体将门撞开,让王晓明确信门上的胶布是此刻刚刚被弄开的。正是他的这一奇怪的夸张行动,引起了王晓明的怀疑。

很显然,制造骗局的罪犯就是李勇,正是他杀了石川美。

6 机智的老板

有三个小偷联手偷了一颗价值连城的钻石，由于互不信任，经过讨价还价，他们在究竟如何保管赃物上，达成了如下协议："在钻石未兑成现金之前，由三个人一起保管，必须三人一致同意才能取出钻石。"

一天，他们来到浴室洗澡，便把装钻石的盒子交给了浴室老板，并声明：必须要在三个人同时在场的时候，方可交回盒子。

在洗澡的时候，小偷丙提出向老板借一把梳子，并问小偷甲和乙是否需要，二人都说："需要。"于是丙来到浴室老板那里，向他索取盒子，浴室老板拒绝了。丙向老板解释，是另外二人让他来取的，并大声对甲和乙喊："是你们要我来取的吗？"甲和乙还以为问的是取梳子的事情，就随口答应说："是的。"

老板听后无话可说，只好把盒子交给了小偷丙。于是，丙马上带着盒子逃走了。甲和乙二人等了好久不见丙回来，感到事情不妙，赶忙来到浴室老板处取盒子。这时发现盒子已经被丙骗走了，于是揪住浴室老板要求赔偿。

浴室老板说是已经征得甲乙二人同意的，而二人则坚持说丙问的是梳子的事情，与盒子无关，并且当时也不是三个人同时在场。甲和乙不依不饶，非要老板交回盒子，正僵持不下，浴室老板灵机一动，说出了一句话，二人听了，只好垂头丧气地走了。

问题和思考

当时,老板究竟说了一句什么话呢?

答案和解析

被逼无奈的老板当时说:"既然这样说,那么盒子就还在我这里,不过要你们三人同时在场,我才可以交回盒子。好的,你们三人都来吧,只要你们三人同时在场,我就交回你们的盒子。"

7 谁才是逃犯

在一场混乱的枪战之后,一家诊所里冲进来一个陌生人。他对医生说:"我刚才穿过大街时突然听到枪声,看见两个警察在追一个逃犯,看到这种情况,我也加入了追捕。但是在你诊所后面的那条死巷子里遭到了逃犯的伏击,两名警察被打死了,我也受了伤。"

医生从他背部取出一颗弹头,并把自己的衬衫给他换上,然后又将他的右臂用绷带吊在胸前。当这一切刚做完,警长和地方议员就跑了进来。

议员大声喊道:"就是他,

他就是逃犯！"

警长迅速拔枪对准了陌生人。陌生人忙说："我是好人，我是帮你们追捕逃犯的。"议员说："你的背部中了弹，这枪伤说明你就是逃犯！"

在一旁目睹了这一切的探长对警长说："等一等，我能证明他不是逃犯。"

问题和思考

探长为什么说受伤的这个人不是逃犯呢？

答案和解析

其实，真正的凶手是议员。当他进入诊所时，陌生人已经换上了干净的衣服，并且吊着手臂，在这种情况下，他是不可能知道陌生人是背部中弹的，除非他自己是逃犯。

8 消失的列车车厢

这是一桩很难令人相信的案件。一节装着在展览馆展出的世界名画的车厢,从正在行驶中的一列火车上悄然地消失了,就仿佛是水被蒸发了一般。而且,那节装着世界名画的车厢是挂在列车中部的。

晚8点,列车从阿普顿发车时,名画还完好无损地在车上,毫无异样。可到了下一站纽贝里车站时,装有名画的那节车厢不见了。途中,列车一次也没有停过,可在阿普顿至纽贝里之间的铁路线上虽然有一条支线,但那是为了在夏季旅游季节开通旅游专线用的,平时不用。

第二天,那节消失的车厢恰恰就出现在那条支线上,但名画已经被洗劫一空。

最不可思议的是,那节挂在列车正中间的车厢是怎么从正在行驶的列车上脱钩,而跑到那条支线上去的呢?对这一奇怪的案件,警察局毫无线索,一筹莫展,束手无策。

在这种情况下,著名的侦探亨特出马了。他沿着铁路线在两站之间徒步搜查,仔细地察看了支线的转辙器。转辙器早已生锈,但仔细查看却发现轮带上有上过油的痕迹。

"果然在意料之中。这附近有人动过它。"他将转辙器上的指纹拍了下来,请伦敦警察厅的朋友帮助鉴定后得知,这是有抢劫列车前科的阿莱的指纹。于是,亨特查明了阿莱的藏身处,只身前往。

"阿莱,把从列车上盗来的画交出来!"

"岂有此理,你凭什么说我是抢劫名画的罪犯?"

"转辙器上有你的指纹。当然,罪犯不仅是你一个人,至少还应该有两个同犯,否则你一个人是不会那么利索地就把车厢卸下来的。"亨特直截了当地揭穿了阿莱一伙的作案手法。

问题和思考

那么,阿莱他们究竟是用什么手段将一节车厢从正在行驶中的列车上摘走的呢?

答案和解析

我们可以将阿莱等三名罪犯分别设为A、B、C,将被摘下的车厢设为X。A和B潜入列车,C在支线道岔的转辙器处等候。列车从阿普顿一发车,A和B就将一根粗绳子系在货车X前后两节车厢的连接器上。绳子绕到X外侧,同支线正相反的一侧。当列车接近支线时,就打开X前后两车厢上的连接器。因为有绳子连接着,所以即使打开连接器,前后的车厢不会分离,而是照样往前走。在支线处等待火车的C,在X前后车厢也的边轮踏上交叉点的一瞬间,迅速切换转辙器。这样,X就滑上了支线。而不等X后部车厢的车轮踏上交接点,再把道岔转辙器回位。这样一来,后边的车厢就被绳子拉着在干线上行驶。

不久,在列车接近纽贝里车站时,速度减慢,被绳子拉着的后边车厢因为惯性会赶上前边车厢。这时，罪犯A和B再关上连接器，卸下松弛了的绳子，跳下列车逃走。而滑入支线的货车X走了一段距离后会自动停下来，这样，罪犯就可以从容地将装在上面的名画全部盗走。

⑨ 如何传递密函

在第二次世界大战时，侵华日军打算采取大规模的军事行动。为了得到日军这次行动的详细情报，我军的特工深入敌占区，决定盗取日军的行动计划。

一天夜里，一位特工成功地潜入了日军的司令部，在三楼一间密室里找到了有关这次军事行动计划的密函。

正要离开时，忽然从楼上传来了阵阵脚步声。原来，日军的司令提前宴罢回来啦。

这位特工走到窗边，看到楼下正临着一条狭长的运河，他想潜水逃走，但他费了九牛二虎之力偷来的密函，不就泡在水里不能使用了吗？

幸好这时对面楼上的助手前来接应，他从窗口探出头来，伸长了手，但与接应者还是差了七八十厘米的样子。如果用竹竿系着文件，就可以顺利地递过去，可是在这千钧一发之际，根本来不及去寻找竹竿之类的东西。而若是要踏着窗户的雨搭跳过去，则雨搭又窄又斜，根本无法站立。情急之下，他想把信扔过去，但又怕被风吹走。正在危急时刻，他急中生智，灵机一动，利用特殊手段把密函传给了自己的助手，顺利地完成了任务。然后从三楼跳进了运河，成功逃离了日军的司令部。

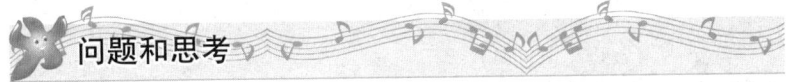

问题和思考

这位特工究竟是使用什么样的妙计把密函传递给助手的呢?

答案和解析

当时,特工是用脚夹住文件,伸出去,助手也伸脚去接,这样就延长了150多厘米的距离。密函被助手顺利接走,这位特工也就可以毫无顾虑地从河里潜水逃走了。

10 爆炸是如何被引发的

瑞典的首都斯德哥尔摩是烈性炸药的发明家——诺贝尔的出生地。一天,在斯德哥尔摩的市中心发生了一起奇怪的爆炸事件。一个单身的音乐家从外面回到家里练习小号时,被室内突然发生的爆炸当场炸死。

警察在勘查现场时发现,被炸碎的窗户玻璃碎片里还掺杂着一些薄薄的玻璃碎片,这可能是乐谱架旁边的桌上装着火药的一个玻璃杯发生了爆炸。

但奇怪的是,在室内并没有找到任何火源,也找不到定时引爆装置的碎片等。如果不是定时炸弹,为什么定时引爆得那么准确呢?简直是不可思议,根据邻居的证言,爆炸前死者是在用小号练习吹高音曲调。

于是，聪明的警察马上就识破了罪犯的手段。

问题和思考

那么，爆炸是如何被引爆的呢？

答案和解析

犯罪过程是这样的：罪犯趁被害人外出家里没人时，悄悄地溜进房间，往火药里掺了氨溶液和碘的混合物。在氨溶液里掺入碘，在潮湿的状态时是安全无害的。一旦干燥则敏感度就远远高于TNT炸药，哪怕是高音频引起的震动也会引发爆炸。

罪犯正是利用了其这一高敏感度的特点，他把掺好的湿炸药放在敞口的玻璃瓶里，然后把它放在乐谱架旁边让它自然晾干，等习惯于回家吹小号的被害人在用小号吹奏高音曲调的一刹那，高音频的小号声就引发了爆炸。

11 青铜像案

埃夫文的妻子被人杀死了。埃夫文对检察官说:"昨晚我很晚回家,刚巧撞上一个人从我妻子房间里跑出来,跌跌撞撞地冲下楼梯。借着门口那盏昏暗的长明灯,我一眼就认出了他是谁,他就是吉姆·西斯蒙。"

被告吉姆·西斯蒙愤怒地嚷道:"他在撒谎!"

埃夫文继续说道:"西斯蒙大约跑出了一百码远,之后扔掉了一件什么东西,那东西在乱石坡上碰撞了几下后滚落进了深沟,在黑暗中撞出了一串火花。"

"他这是在胡编!诬告!"西斯蒙气得满脸通红。

检察官举起了一座森林女神——妮芙的青铜像说:"对不起,西斯蒙先生,我们在深沟里找到了这件东西,要是再晚一个小时,那场大雨也许就把这些线索冲掉了。铜像底部沾的血迹和头发是埃夫文太太的。我们在铜像上取到了一个清晰的指纹——这指纹是您的。"

西斯蒙反驳道:"我当时根本就没去他家。昨天晚上7点钟,埃夫文打电话给我,说他8点钟想到我家来谈点儿事情。我一直等到半夜,也没有见他过来,于是就睡觉了。至于指纹,那可能是我前几天在他家拿铜像看时留下的。"

检察官感到案情很复杂,就去请教大侦探麦克哈马,当检察官把案情说了一遍之后,最后说:"埃夫文和西斯蒙是同事,以前两人的关系很好,最近不知为什么,关系开始恶化了。"

麦克哈马听完检察官的介绍后,说:"凶手不是西斯蒙,是有人诬陷他。我知道谁是真正的凶手。"

问题和思考

那么,真正的凶手究竟是谁呢?

答案和解析

真正的凶手其实正是埃夫文。此案的关键是青铜像。埃夫文称,西斯蒙扔掉东西在岩石坡上撞了几下,在黑暗中撞出了一串火花,并说这是西斯蒙的作案凶器。这是明显的谎言。因为青铜这种材料在岩石上是不会撞出火花的,这是青铜像的物理性质所决定的。因此,西斯蒙不是凶手。既然,凶手不是西斯蒙,而对案情了解如此之深、之细又撒谎的埃夫文,自然就有重大的作案嫌疑了。

12 揭穿谎言

107高速公路旁边的一座高层公寓的807房间发生了盗窃案。市刑侦队的队员们在接到报案后，迅速赶到了现场，在勘查现场时，女佣反映说："我听到房间里有声音，就走了过去，因为害怕，我就透过门上的锁孔向里悄悄地查看，发现一个男人从房间左侧的暖炉里，把什么东西装进了自己的口袋里，然后穿过房子，从右侧的窗户跳窗逃跑了。刑侦队员杨剑听完她说的话，立即做出判断："你这是撒谎。"

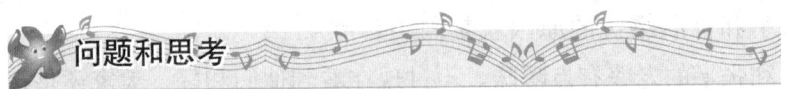

问题和思考

杨剑为什么判断女佣是在撒谎，他的依据是什么？

答案和解析

因为根据门的厚度，透过锁孔是不可能看到房间里面两侧的，所以杨剑由此判定女佣说的是谎话。

13 是谁毒死了他

今晚宴会的气氛是相当友好而热烈，就连张平和肖欣这两个平日里的冤家对头都没有表现出敌意。相反，肖欣主动地坐到了主人张平旁边，以此来表示对他的友善。

这时张平站了起来："今天难得大家捧场，不喝点酒怎么行呢？"于是他走到后边去拿了酒和一些杯子来。大家纷纷上去各自拿了一个杯子，然后张平把酒瓶给了肖欣："你来倒酒吧，以前我们之间的所有恩怨就随这杯酒一笔勾销了！"肖欣有点意外地接过瓶子，给在场的每个人都斟了酒，在斟酒的间隙里，他不经意地观望了一下周围，他发现张夫人的脸色瞬间变得雪白，并迅即把头扭到了一边。其实在场的所有人都知道，当初张平和肖欣结仇的原因就是因为肖欣

和张平的老婆有点暧昧。不过现在看到他们和好，大家还是很高兴。肖欣斟完了酒，走回来坐到张平的右边，而张夫人反倒坐在肖欣的右边了。

就在这时，张平抬腕看了看手表，像是突然想起来什么似的说："噢，不好，我忘了个重要的约会，我先陪大家喝两杯，然后就得走，好，这第一杯，就当是敬肖欣的吧。"说着站了起来，挨个给在场的人敬了酒。在场的各位也都跟着站起来喝了一杯。肖欣也端起杯子站了起来，说："我也敬大家一杯，"说着端着杯子也挨个敬酒。就在这时候，突然停电了！其实也就那么几秒钟的时间，然后灯又亮了。大家虚惊一场，都坐下继续喝酒吃东西。猛然间，肖欣的脸色一变，身体往后倒了下去！张平和他坐得最近，连忙上前扶住他，却见他的脸色顿时就变了："不好！有毒！"他立刻上前端起肖欣的酒杯，闻了闻，说："氰化物中毒。"

　　大家都知道张平是学医的,他说是中毒那肯定就是了,而且从死者的脸色也很容易看出来。大家立刻乱了起来,有的人前去打电话,有的人保护现场,有的人陪张平把酒杯用塑料袋装起来,等待警察前来查证。

　　徐侦探很快就赶到了现场。警察仔细地检查了酒杯,确定是有毒的。事情似乎很明显,当时坐在他旁边的张平夫妇最可疑了。但是张平一点也不慌,他说:"你们认为是我杀了他,是不是?但是这里所有的人都可以为我作证,酒是他自己倒的,杯子也是大家乱拿的。而且停电的时侯肖欣站了起来,走出去了,杯子他就端在自己的手里,而我则一直都坐着,我怎么可能把毒下到他的杯子里而不被他发现呢?所以说,不可能是我干的,因为我没有下毒的机会。"

　　但徐侦探却意味深长地摇了摇头,说:"不得不承认,你确实很聪明,但我确切地知道,你就是凶手!"

问题和思考

徐侦探为什么这么肯定地确认张平就是凶手呢?

答案和解析

　　原来事情是这样的,毒不是下在杯子里的,而是下在凶手自己的餐具上的,比如刀叉之类的餐具,张平趁停电的时候把自己的餐具和死者的交换了,死者用有毒的餐具吃东西后中毒而死。而杯子里的毒是他在假装检查杯子的时候放上的。而且凶手肯定是房间的主人,因为只有他才能设定停电的时间。

14 令人满意的回答

在一个新兵连里,有一个刚入伍的新兵让他的班长十分头大。因为他总是分不清左和右,不断地因为听错口令而闹出笑话。因此,连累得整个班都因为他的原因而经常挨批评,他的班长为此颇感无奈,单兵教练多次后,他依然不能完全改好。

有一天,上级首长前来视察新兵连的操练情况。怕出状况的班长反复地叮嘱他,生怕他到时候出

状况。可是怕什么就来什么!到了真正为首长做汇报表演的时候,他果然再次出现了失误,当班长喊出"向右看齐"的口令时,大家齐刷刷地向右看齐。只有他一个人把头扭向了左边。自然,首长马上就注意到了这个"与众不同"的新兵。

于是,就把他叫到自己的跟前,问他为什么会错误地执行口令。站在新兵一边的班长紧张地直冒冷汗。因为这位首长一向是以治军严厉而著称的!当大家都为这位新兵捏把汗的时候,想不到这位新兵灵机一动,竟然脱口说出了一个让人意想不到的理由。而等他说完以后,首长不仅没有批评他,反而夸他是一个反应很机敏的好士兵呢!这是怎么回事呢?

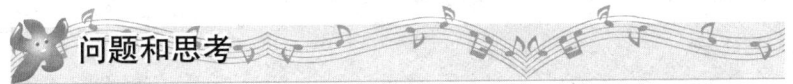

问题和思考

你能猜出这个新兵说出了一个什么样的理由吗?

答案和解析

当时,这位新兵是这样说的:"报告首长,在大家都向右看齐的时候,我猛然想到,如果在这个时候敌人突然从左边上来该怎么办,于是我就情不自禁地向左看了。"

15 大冷天里的扇子

重庆人胡生利,在外做生意很久没有回家来了。四月的一天,他的妻子一个人在家,晚上被盗贼杀害了。刚好那天晚上下了小雨,人们在泥里捡到了一把扇子,根据扇子上的题词来看,是一个叫王名的人赠送给一个叫李前的人的。

王名不知道是谁,但李前,大家都认识,这个李前平时言行举止很不端正,流里流气的样子让大家很鄙视。于是,大家一致都认定杀人凶手是李前。当把李前拘捕到公堂上之后,李前不肯认罪,县令认为李前狡诈抵赖,于是进行了严刑拷打,重刑之下,李前果然招认了是自己干的。

就这样,案子终于可以结了。可有一天,得知此事的县令夫人突然对县令说:"你这个案子判错了!"接着,她告诉县令,在这个案子里都有哪些破绽……

县令听后心服口服,根据夫人的提醒去找罪犯,果然捉到了真凶。

问题和思考

县令夫人究竟告诉了县令在这个案子里有哪些破绽呢?

答案和解析

　　胡生利的妻子被杀是在四月份,重庆的四月,夜里下雨,天气一定还是微寒,根本就不需要扇子,哪里有人在大冷天里带扇子去杀人的呢?这明显是为了嫁祸于人。但这件案子一定是和与扇子有关的人有关,顺着扇子知情人的思路查下去,凶手就在劫难逃了。

16 枪响之后

　　星期天的下午,彼得先生被人杀了。警长来到彼得先生的邻居麦克先生家里调查。麦克先生告诉警长凶杀的发生时间时说:"我当时和我的女儿听到三声枪响的时间正好是17点6分。我们马上向窗外看去,看到一个男人溜掉了,就他一个人。"警长检查了现场,发现了一封由彼得先生亲手签名的信,上面提到,有三个男人曾经想谋害他。

　　这三名嫌疑者是:阿瑟先生和凯特先生是足球教练,而巴斯特先生是橄榄球教练。

　　这三名教练的球队,星期天下午都参加了3点整开始的

球赛。阿瑟教练的球队是在离死者住所 10 分钟路程的体育场上，他们在争夺"法兰西杯"；巴斯特教练的球队则是在离彼得先生家 50 分钟路程的球场上进行友谊赛；而凯特教练的球队是在离凶杀地点 20 分钟路程的体育场上，参加一场冠军争夺赛。据了解，这三位教练在裁判号吹响结束比赛的笛声之前，都在赛场上，而且当天天气很好，比赛都没有中断过。警长踱着方步，突然转身对助手说："给我把三位教练都请来。"

"诸位教练，贵队战果如何？"

阿瑟教练答："我的球队与绿队踢成了平局，3 比 3。"

巴斯特教练接着道："唉，打输了，9 比 15 负于黑队。"

凯特教练满面喜色，激动地说："我的队员以 7 比 2 的辉煌战绩打败了强手蓝队，夺得了冠军！"

警长听后，朝其中的一位教练冷冷地一笑说："请留下来我们再聊聊好吗？"

问题和思考

这位被扣留在警署的教练，正是枪杀彼得先生的罪犯。你知道他是谁吗？为什么？

答案和解析

一场橄榄球赛需要 80 分钟，还不包括比赛时的中间休息，再加上50分钟的路程时间，那么巴斯特教练在17:20之前是不可能到达彼得家的。足球比赛全场是90分钟，即使加上中间休息15分钟，这两位教练也完全有可能在作案之前到达彼得家。再分析下去：阿瑟教练的队参加的是锦标赛，当他们与绿队踢成3∶3平局时，还得延长30分钟决胜时间，再要加上10分钟的路程时间，就是不再加上中间休息时间，他也不可能在17:10前到达彼得家。所以，只有凯特教练才有可能杀死彼得先生，因为比赛时间90分钟，中间休息15分钟和路程20分钟，这样，他可以在17:05，即在枪响之前1分钟到达。

第二章

仔仔细细的观察

1 凶手正是刘太太

在一个大雪纷飞而又寒冷的深夜，正在执勤的王警官接到了自己辖区内的一个报警电话。报警人刘太太说她的丈夫被人杀死了。王警官迅速赶到他们家，他进屋后，感觉到房间里很暖和。他脱下自己的大衣和围巾后，马上开始询问案情。

刘太太依然穿着睡衣，惶恐不安的脸上依然还是一副惊魂未定的样子。她带着惊恐的腔调说："在半夜两点多钟的时候，我忽然醒来，发现我丈夫已经死在了客厅，而客厅的窗户开着，不知道是谁将我的丈夫杀死了。"她一边说一边哭了起来。

王警官仔细地查看了现场后，面带微笑地对刘太太说："不要再伪装了，在刑警队的人到来之前，你最好把你的作案经过说一遍吧。"

刘太太听后大吃一惊。沉默了一阵子后，开始述说自己杀害丈夫的详细经过。

问题和思考

王警官是如何发现刘太太是杀人凶手的呢？

答案和解析

当王警官接到报警后来到刘太太家时，他发现刘太太家里很暖和。如果是有人将刘先生杀害后逃跑，在如此寒冷的冬夜，

开着窗子的房间，温度会迅速下降，绝不会如此暖和。所以，可以断定，根本就没有外人进入他们的房间，而当时房间里又只有刘太太一个人；因此，最大的嫌疑人只能是刘太太了。

2 凶手是从这条路跑的

有一天上午，警察小李正在巡逻，在一条比较偏僻的小路上，他发现有一个人倒在血泊之中。他赶紧上前查看，扶起这个人，发现他的意识还比较清醒。这个人断断续续地说自己被一个骑自行车的人抢劫了，并捅了自己一刀。凶手已经逃跑了，边说边用手指了指凶手逃走的方向。小李赶紧招呼并委托路人拨打120和看护这个伤者，自己则急忙开车向凶手逃走的方向追去。

在追捕的途中，小李来到了一个岔路口，这个岔路口的两边都是上坡路，路面则正在建设中，左右两边都有自行车轮碾过的痕迹，左边路上的痕迹，前后轮深浅基本是一致的。右边路上的痕迹，则是后轮的痕迹比前轮重。小李飞快地想了一下，就开车向其中的一个方向追了下去，不久，就发现了一个可疑的骑车人，经过初步盘问，发现这个人有重大作案嫌疑，于是，小李就将他带回了公安局，经审问，这个人果然就是凶手。

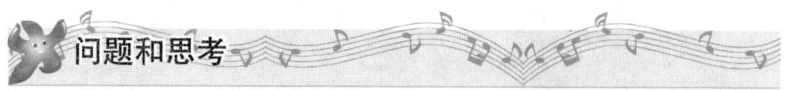

问题和思考

当时小李是顺着哪条路追下去的，他是如何判断凶手逃跑的路线的？

答案和解析

小李是顺着左边的那条路追下去的。因为这两边路都是上坡，人骑自行车要上身前倾，用力蹬车，所以前后车轮的痕迹一样重；而右边路上的自行车痕迹是自行车在下坡滑行时产生的，下坡时，人的重心在后轮上，所以后轮比前轮的痕迹重些。

3 埃菲尔铁塔的困惑

著名的埃菲尔铁塔是法国首都巴黎的标志性建筑。它高300米，总重量高达7000多吨。然而在它刚建成的时候，有三个现象像谜一样使人们困惑了很久：

一、这座铁塔只有在夜间才与地面是真正垂直的；

二、上午铁塔会向西偏斜100毫米，而到了中午，铁塔则会向北偏斜70毫米；

三、冬季，当气温降到零下10摄氏度时，人们惊奇地发现，

塔身会比炎热的夏季矮 17 厘米。

当有人怀着好奇心去问铁塔的设计者埃菲尔时,他给这些好奇的人们解释了这些问题。

问题和思考

埃菲尔铁塔为什么会出现上面所说的这三种情况呢?

答案和解析

这是因为,在白天,由于光照的角度和强度是变化的,塔身各处的温度也是不一样的,热胀冷缩的程度因此也就不一样,因此,上午和下午不仅出现了倾斜现象,而且倾斜的角度也不一样。夜间,铁塔各处的温度是相同的,所以就恢复了垂直状态。而关于高矮的变化问题,则是由于冬季气温下降,塔身就会收缩,所以铁塔就变矮了。

④ 列车失窃案

在一列从南方开往北京的特快列车上,在 10 号硬座车厢里,相对坐着 4 位旅客。他们的目的地分别是徐州、济南、德州和北京。

列车在南京站停靠了 13 分钟,4 位旅客都有事离开了自己的座位。13 分钟后,列车启动,继续北行。这时,其中一位去北京的旅客,突然发现自己的公文包丢了,里面有 8000 多元的现金和一些支票,及其他物品。

　　列车的上乘警王大勇闻讯来到10号车厢,开始调查。丢失公文包的旅客说:"列车靠站之前,公文包一直就放在行李架上,后来我到列车办公席去询问是否有卧铺余票,回来后就发现公文包没有了。"去徐州的旅客说列车停靠时,自己到8号车厢去看望同事了;去济南的旅客说他下车到站台上活动了一下身体;去德州的旅客说他那时正好在厕所里解手。王大勇听完4个人的叙述后,与同事刘晓明交换了一下眼色,耳语了几句,随后对其中一个旅客说:"请你跟我们来一趟!"

问题和思考

　　究竟是哪位旅客被带走了,王大勇如何发现了他的可疑之处?

答案和解析

去德州的那位旅客被带走了,因为他的话是谎言,违反了旅行常识。列车在停靠站台前后的一段时间里,为了保持车站内的卫生清洁,厕所门一律锁着,是不准使用的。所以,去德州的这位乘客显然是在撒谎,所以他有作案的重大嫌疑。

5 洛克的证词

约翰、保罗和洛克这三个人,是纽约一家颇负盛名的珠宝公司的股东。去年1月份,他们一同飞往了佛罗里达,在约翰的别墅里度假。

一天下午,约翰与不谙水性的钓鱼爱好者保罗,乘坐游艇出海钓鱼,而洛克这位鸟类爱好者则情愿留在别墅里。约翰是载着保罗的尸体回来的。他说保罗在船舷探出身子钓鱼,因风浪大船颠簸,失去重心而落入了水中,等他费了半天劲把保罗捞起来时,保罗已经淹死了。

而洛克则说,他那时正好坐在别墅的后院里乘凉,他发现一只稀有的橘红色小鸟飞过,他便兴致勃勃地追踪着小鸟来到了前院,用望远镜观察那只鸟在高大

的棕榈树上筑巢，说来凑巧，他的望远镜无意中对准了海面，刚好看见约翰与保罗在游艇上扭打成一团，约翰猛地把保罗的头按入了水中。

验尸报告证明保罗的确死于溺水。但在法庭上，约翰的辩解与洛克的证词互相矛盾。法官去请教名探圣弗朗，请他来帮助解开疑团。圣弗朗说："洛克的证词是假的。"

问题和思考

为什么圣弗朗说洛克的证词是假的呢？

答案和解析

洛克的证词说明他对热带植物的了解少得可怜。很明显，他并没有像他自己所说的那样看见一只鸟儿在棕榈树上筑巢，因为棕榈树没有树杈，鸟儿是无法在上面筑巢的。由此看来，他的证词是假的。

❻ 谁偷了喇叭

　　一个周末的晚上,一家乐器商店被盗了。盗贼是砸碎了商店一扇门上的玻璃窗后,钻进店内行窃的。他接连撬开了3个钱箱,共盗走了1225元,又从陈列橱窗里拿走了一个价值14000元的喇叭,放在一个普通的喇叭盒里提走了。

　　警方对作案现场进行了仔细的搜查,断定这起盗窃案是对这家乐器商店非常熟悉的人干的。于是,警方把怀疑的对象限定在了汉森、莱格和海德里三个少年学徒身上,认定他们三人中肯定有一个是罪犯。

　　三个少年被带到警官索伦森先生的面前,桌子上放着三支笔和三张纸。索伦森对他们说:"我请你们来,是想请你们与我合作,帮我查出罪犯。现在请你们每人写一篇短文,你们先假设自己是窃贼,然后设法破门进入商店,偷些东西,采取措施来掩盖偷窃现场。好,开始吧,30分钟后我收卷。"

　　30分钟后,索伦森让三个少年停笔,并朗读他们自己刚写过的短文。

　　汉森极不情愿地读着:"周末早晨,我对乐器店进行了仔细观察,发觉后院是最理想的下手地方。到了晚上,我打碎了一扇边门的玻璃窗,爬了进去。

然后我就找钱,接着我就从橱窗里拿了一个很值钱的喇叭,轻手轻脚地溜出商店回家啦。"

轮到莱格读了:"我先用金钢刀在橱窗上割了个大洞,这样别人就不会想到是我干的。我也不会去撬三个钱箱,因为这会发出响声。我会去拿喇叭,把它装进盒子里,藏在大衣下面,这样就不会引起别人的注意。"

最后是海德里读:"深夜,我在暗处撬开商店的边门,戴着手套偷抽屉里的钱,偷橱窗里的喇叭。我要用这钱买一副有毛衬里的真皮手套,等时间长了,人们忘记了这桩盗窃案后,我就会出售这只珍贵的喇叭。"

索伦森听完,指着其中的一个少年说:"小家伙,告诉我,你为什么要干这种坏事?"那个少年顿时惊恐万状,疑惑地看着索伦森,不知他是怎么知道自己就是窃贼的。

问题和思考

这个少年是谁?索伦森根据什么识破了他?

答案和解析

是莱格干的。他暴露了喇叭是藏在盒子里被偷走的,而且还知道店里有三个钱箱被撬。此外,他为了掩饰自己,在短文里几乎所有的行动都跟实际发生的事实相反。

7 县令巧断案

老酒鬼范大，平日里爱吹牛，醉酒后常常夸耀自己杀过人。

这一天，范大又喝多了酒。醉后对酒友说："昨天我把一个有钱的商人推到了深沟里，得了很多钱。"酒友信以为真，就把范大告到了官府。

这时，正好有一位妇人前来告状，说有人把她丈夫杀死扔到了深沟里，丈夫带在身上的很多钱也被人抢走了。

县令随那妇人前去验尸，尸体衣衫褴褛，没有头颅。

于是县令说："你一个人孤苦伶仃的怎么生活呢？这样吧，等我们找到尸体的头颅，定了案之后，你就再嫁吧。"

第二天，与妇人同村的李三来报告说他找到了尸体的头颅。

这时，县令忽然变了脸，一脸愤怒地指着妇人和李三说："你们两个正是杀人的罪犯，竟敢诬陷范大？"

两个人不服，等县令把证据摆出来之后，二人不得不承认，是他们二人勾结在一起，谋害了该妇人的丈夫。

问题和思考

县令是如何断定这二人是罪犯的呢？

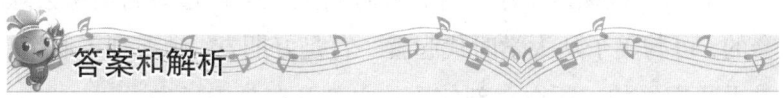

答案和解析

既然尸体在深沟里，还没有头颅，那这个妇人怎么能确定死者就是自己的丈夫呢？必定事先知道她丈夫死在这里了。况且衣服如此破烂，怎么可能有很多的钱呢？头颅藏在哪儿，李三为什么如此熟悉？又这么着急地来报案呢？必定是想与妇人早日成亲，所以才迫不及待。

8 霜地上的脚印

私人侦探刘洪军很长时间没有休假了。几天前，他来到开心岛上的旅馆度假。

开心岛是有名的避寒胜地。不巧的是，今年因为受到异常猛烈的寒流袭击，气温骤然下降，早晚都异常寒冷，最低气温在零度以下。就在这寒冷的一天，来了一个电话："刘先生，求您赶快到我别墅来一趟！"慌里慌张打来电话的是画家美子。她此前因为一个偶然原因，知道刘侦探就住在这里的旅馆里。

"到底出了什么事？"

"有贼溜进我家里了。这几天我外出旅行写生，刚才一进门，我就看到屋里被翻得乱七八糟的了。"

"哦，那有什么东西被盗了吗？"

"都不是什么重要的东西，服饰品的宝石全是仿制品，照相机也是便宜货，可我是单身呀，如果连内衣也都给盗走了，想起来心里可真有些发寒啊。"

"好吧，我马上就过去。"

对溜门撬锁这类小案件，照理是无须他们这些名侦探去理会的，可与美子从大学时代起就一直是好朋友，她遇到了麻烦，是无法拒绝的。所以，刘侦探就立刻开车赶了过去。

她的别墅落在环湖半周的杂树林中。这是一座砖瓦结构的仿古别墅，从去年秋天开始，她就一头扎进这里的画室，画湖周边的四季风景。

刘侦探到达时，她正焦急地等在别墅的门口。

"这儿，留有罪犯的脚印。"她边说边将刘侦探领到东侧的院子里。这时已是太阳偏西了，院子被别墅的阴影遮住，地面非常潮湿，因此罪犯的脚印清晰可见。这是一个鞋底为锯齿花纹的高筒胶鞋的脚印。罪犯就是从这里进来的，他打碎了厨房的玻璃门溜到室内的。

"你向警察报案了吗？"

"不，还没有。因为没有什么值钱的东西被盗，所以觉得没有必要麻烦他们。"

"照理说，你还是应该先向警察报案，如果是溜门撬锁的惯犯，警方档案中也许会有记录的。我同这儿的派出所所长是老相识，由我来同他说一声吧。"刘侦探用画室里的电话向警方报了案，把之后的搜查就交给当地的警察们去办了，他自己则回旅馆去了。

当天晚上，派出所所长给旅馆打来电话，告诉刘侦探已经找到了那两名嫌疑犯。

"怎么？找到了两个？"刘侦探感到很惊讶。

据所长说，一个叫孙超，昨天夜里11点钟，巡逻的保安曾经看见他在现场附近徘徊。另一个叫秦秀勇，今天上午11点30分，同样是在现场附近，附近别墅的管理员发现这个人形迹可疑。

"这两个人被人看见的时候，都穿着高筒胶鞋吗？"刘侦探问所长。

"噢，不，具体的情况我还没有核实，但搜查过他们的住宅，并没有发现你说的这种胶鞋。大概是怕被当作证据而处理掉了吧？"

"那么，到底以什么证据将他们抓捕的呢？"

"虽然目前还没有发现被盗的物品，但他们两人都是专门在别墅溜门撬锁的惯盗，所以只要拘留他们一个晚上审查一番，只要是他们干的，肯定会招供的。"所长充满自信，非常乐观。

"那么，最后我还想提个问题。孙超和秦秀勇从今天早晨天不亮到中午过后这段时间，有不在现场的证明吗？"

"孙超从深夜1点到中午过后这段时间确实有不在现场的证明。他在朋友的家里打了一通宵的麻将，早晨8点左右同朋友一块儿上的班。"

"果然如此……"

"可是，刘先生，在这以前有人看见他在现场附近出现过，所以我觉得他的不在现场证明是没有任何意义的。"

"这两个人之中，谁是真正的罪犯，凭这些证据就足够说明问题了。我知道谁是真正的罪犯了。"

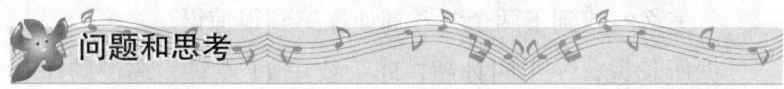

问题和思考

刘侦探指出的罪犯是孙超还是秦秀勇呢？他为什么敢于这么明确地指出呢？

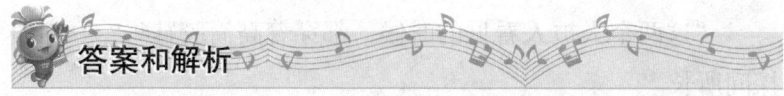

答案和解析

刘侦探看到院子里留下的罪犯胶鞋脚印清清楚楚，就知道谁是真正的罪犯了。因为那个院子很潮湿，所以像昨天夜里那样的低气温照理会结冰的。所以如果罪犯是昨天夜里潜入室内作案的话，鞋印肯定会因结冰的缘故而走样，变得不清楚。与此相反，鞋印清楚得连花纹都清晰可见，这说明是天亮之后也就是冰融化之后作的案。这样，真正的罪犯就是今天上午11点半左右在现场徘徊的秦秀勇。孙超因为从深夜一点到中午过后有不在现场的证明，所以是清白的。

9 名画在谁身上

张先生收藏着一幅价值连城的珍贵名画，他逢人就夸，这画成了他炫耀的资本。

有一天，有三位古董商来访，张先生便把三人领入了珍藏室，只见古玩陈列架上端端正正地放着一只檀木珍宝箱，健谈的主人边介绍，边打开箱子，那幅名画使来客们赞不绝口。随后，主人合上珍宝箱，用一张涂满糨糊的白色封条封好，然后邀请三位来客到客厅叙谈。

言谈之间，张先生发现三位来客有一个古怪的巧合，三个人的右手手指上都有点小毛病，A的食指也许是发炎，涂上了紫药水，B的拇指明显是被划破的，涂上了红药水；C的拇指大概是被毒虫咬肿了，搽上了碘酒。

叙说的气氛是热烈的，尽管

三位来客先后离席外出小解，但回到客厅后，依旧谈笑风生。

宾主正谈得高兴，张先生读化学系的儿子张明回来了。经过介绍，张明与三位来客一一握手并寒暄。随后，让父亲带着他去看一下那幅珍贵名画。而当张先生撕下湿漉漉的白色封条打开箱盖时，大家都大吃一惊，古画不见了。张先生更是惊吓异常，他只喊了一声，"哎哟，我的画！"就浑身瘫软了，沉稳机智的张明唤醒张先生，向他询问事情经过，然后安慰他说："爸，别急！事情终能水落石出的。"

张明扶着父亲来到客厅，把名画失窃的事向三位来宾说明，然后风趣地说："尊敬的先生们，这名画不会是飞到了你们身上吧？"

三位来宾耸耸肩膀，双手一摊，异口同声地说："阿弥陀佛！这怎么可能！"

张明犀利的目光从三人的手掌上一扫而过，然后指着其中的一位对父亲说："画就在他身上！"

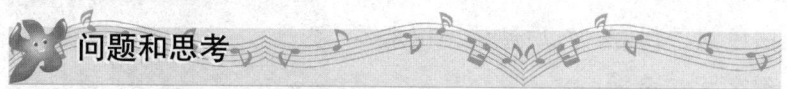

问题和思考

张明所指的这个"他"究竟是谁呢？

答案和解析

是C，因为张明看到C的拇指呈蓝黑色时，便能明确地断定是C了。因为封条上的糨糊未干，假如是A或B这两个人动过封条，那么他们手指上的药水在碰到白纸条时，纸条上必然会留下紫色或红色的痕迹。而现在张明既然在纸上没有发现任

何痕迹，说明封条贴上后不久，就被 A、B 之外的人完整无损地动过了。然而只有当碘酒涂过的手指与糨糊接触时，使原来的黄色反应后呈蓝黑色。所以张明在看到他们手指的一瞬间，便做出了判断。

10 热带鱼的讯息

昨天晚上下了一场大雪，使得今天早晨的气温降到了零下 5℃，刑警正在询问某案件的嫌疑犯，当问到她有没有昨天晚上 11 点左右不在作案现场的证据时，这个独身女人回答说："昨天晚上 9 点钟左右，我那个老旧的破电视机出了毛病，造成短路，停了电。因为我缺乏电的知识，无法自己修理，就吃了片安眠药睡了。今天早晨，也就是刚才不到 30 分钟之前，我给电工打了电话，他告诉我只要把大门口的电闸合上去就会有电了。"可是，当刑警扫视整个房间，目光落在水槽里的几条热带鱼时，便识破了她的谎言。

问题和思考

刑警是如何通过热带鱼识破她的谎言的?

答案和解析

　　看到水槽里的热带鱼欢快地游动,刑警便识破了这个女人的谎言。因为在下大雪的夜里,假如真的停了一夜的电,那么水槽里的自控温度调节器自然也会断电,那样的话,到清晨时,水槽里的水就会变凉,热带鱼也早就冻死了。

11 谁在说谎

　　这是农历月底一个没有月亮的夜晚,窗外黑得伸手不见五指。在博物馆的一间办公室里,财务管理员老李颤抖地拉着警官老王的手说:"你不知道我有我有多么害怕。今天下班以后,我正留在这里加班清理账目,突然看见右边地面上有个影子,而窗户打开着……"

　　"难道你没有听见什么响声吗?"老王问道。

　　"绝对没有!当时,收音机里正播放着音乐,我非常专注地工作着。随着人影的晃动,我看到有个人从屋里跳出了窗外。

　　"我赶紧打开了室内所有的灯,在这之前,我只开着一盏灯。你瞧,就是办公桌右角上的那盏灯。我发现少了两只装着珍贵古钱币展品的保险箱。这两只箱子是今天下午展览会结束后送到这里来清点的。你要知道,这些古钱币可是稀有的珍品

呢。这可怎么办才好呢？"

"你是几点钟到这里来的？"老王问道。

"大约快九点钟了。"老李回答说。

"你以为我会轻信你的谎言吗？"老王愤怒地反问"你不要再表演这种骗人的伎俩了！"

问题和思考

警官老王是从什么地方看出老李是在欺骗他的呢？

答案和解析

当时屋里只有办公桌右边的台灯亮着，而窗外漆黑一片，没有月光。这样的话，坐在办公桌前是不可能先看到右边地上有个人影，然后才发现有个人跳出窗外的。这说明管理员老李在说谎。

12 威尼斯照片

一个案件的嫌疑犯刚从欧洲旅游回国，刚下飞机不久，就被早就等候在机场的刑警给逮捕了。当问他上周有没有不在现场的证据时，他拿出了一张照片递给刑警，并作了这样的回答："如果是在星期五，那时我正在水都威尼斯。这是我从德国去罗马的途中，在威尼斯逗留

了一夜的证明，那时，我住在桑·马尔格寺院附近的一家小旅馆里。这是在旅馆附近所拍的照片。你瞧，汽车停在街道上，后面的运河，还有游览船……"

可是刑警只看了一眼照片，就一针见血地揭穿了他的谎言："你胡说，这是你在其他什么有运河的地方的街上拍的。我虽然没有去过威尼斯，但旅游的地理常识我还是有的，你别想用这种照片来愚弄我。"

问题和思考

这张照片违反了旅游的地理常识了吗？问题出在哪里呢？

答案和解析

既然说照片是在威尼斯拍的,那么照片里有汽车就是不可能的。因为水城威尼斯是由118个小岛和大约400座桥联结在一起的,117条运河是这座城市的主要交通路线。威尼斯与对面的意大利本土大陆之间,是以大铁桥连接起来的,汽车只能进入岛屿的入口处,根本无法进入市内。所以说,位于旧市区的桑·马尔格寺院的附近是绝对不会有汽车停在那里的。这说明嫌疑犯是在说谎。

13 进屋者是谁

葛顿探长去拜访黛妮,他按了一下门铃,却没有人理会。

黛妮的门上装的是自动锁,一旦装上,除非有钥匙,否则外面人是根本进不去的。葛顿感到很奇怪,就去请管理员用钥匙把门打开了。他进去一看,只见黛妮穿着睡衣,胸部被人刺了一刀,死在了地上。经过检查和推测,死亡的时间大约是在昨晚9点前后。

经调查,昨晚9点前后共有两个人来找过黛妮小姐,一个是她的情人,一个是她的学生,这个学生是当地出名的流氓。在询问这两个嫌疑人时,他们都说自己按了门铃后,见里面没人答应,就以为黛妮不在家,就回去了,绝没有进屋。

葛顿探长在听了他们两个的诉说之后,突然想起了黛妮小姐的房门上有个门镜,于是他迅速确定了谁是真正的凶手。

问题和思考

葛顿探长为什么能迅速确定谁是真正的凶手呢?

答案和解析

真正的凶手是黛妮小姐的情人。因为,黛妮小姐是穿着睡衣被人杀死的。而她家门上有个门镜,当门铃响起时,她必定会先看来人是谁。如果来者是那个学生,她肯定不会穿着睡衣迎客的,只有在看到来者是自己的情人时,她才会穿着睡衣让他进来。

14 巧破凶案

在一家乡村旅馆中发生了一起凶杀案,死者是一位少女。她被水果刀捅入了背部。警长向侦探介绍说,这位少女名叫刘丽,上周刚和一位现役军官举行完结婚仪式,他们在公园街那边有一套小公寓。

嫌疑的人很可能是刘丽的前男友王刚。因为刘丽曾与王刚恋爱,但她最后却嫁给了那位军官。探长决定独自去探访王刚的情况,临走前他故意将一支金笔扔在了旅馆中死者躺过的床上。

王刚独自一人住在自己的修车店,探长一进门就问:"你知道刘丽被人杀了吗?"

"啊!刘丽死啦?!不,我不知道。"王刚气喘吁吁

地说。

"嗯,不知道就好。"说着探长伸手到上衣口袋中摸笔做记录。"啊,糟糕,我的笔一定是掉在刘丽的房间了。我现在得马上去办另一件案子,顺便告诉警方你与此案无关。你不会拒绝帮我找回金笔,送回警察局吧?"

王刚只好无可奈何地答应了。当王刚把金笔送到警察局时,他立即就被捕了。

问题和思考

为什么当王刚把金笔送到警察局时,他就能被确定为凶犯了?

答案和解析

因为探长并没有提到案发地点,而王刚能拿回金笔,说明他知道案发地点不是花园街那间大家都知道的小公寓,而是那家不为人知的乡村旅馆。

第三章

奇异的思考乐趣

1 富商的遗嘱

有一位重病在床的富商,眼看就不行了。这时,他将自己的两个儿子叫到身边,对他们说:"我可能活不长了,我这里有9颗宝石,无法平分给你们,所以,我想到一个办法:如果你们两个之中谁能将这9颗宝石分别装在4个袋子里,并且既保证每个袋子里都有宝石,又能使每个袋子里的宝石数是单数,我就分给那个人5颗宝石,另一个人就只能得到剩下的4颗宝石了。"

大儿子十分苦恼,想了半天,分不开,放弃了。小儿子想了想,迅速地把9颗宝石分别装在了4个袋子里。

问题和思考

富商的小儿子是如何把9颗宝石分别装在了4个袋子里的呢?

答案和解析

分装的过程是这样的:富商的小儿子先拿出来三个袋子,在这三个袋子里分别装上了1颗、3颗和5颗宝石,然后,他把这三个袋子一齐装进了剩下的第四个袋子里。这样,正好让每个子里都装有宝石,并且每个袋子里的宝石数量都是单数。

2 巧妙利用玻璃球

小王是一家水泥厂化验室的化验员。一天，在做水泥样本检测的时候，化验室里的硝酸用完了。班长对小王说："小王，你赶紧去库房领5升硝酸回来。"接着开了领取5升硝酸的领料单给小王，催他快去。小王接过单子心想：每次都不让领整瓶的，也不知道以前的工作人员是怎么领来的，只能走一步看一步了。这时，班长扭头看见了还在发呆的小王，于是大喊："小王，怎么还不快去？等着急用呢！"

没办法，小王只好去了库房，库房的工作人员见单子上写的是硝酸5升，当然不会让他拿走整瓶的。库房的工作人员也没有更好的办法，他们让小王自己想办法解决。小王发现库房里只剩下一瓶开了盖的硝酸，而且瓶子上只有5升和10升两个刻度，从液面的高度来看，里面大约还有8升的硝酸。而库房里其他的空瓶子都不带刻度。不过，库房里倒是散放着不少闲置的玻璃球。小王想：这个库房连合适的量具和器皿都没有，早就该报废了。虽然心里这么抱怨，但不能解决自己眼下的问题。抱怨归抱怨，可硝酸还是要领的。不然回去怎么交差？经过思索，皇天不负有心人，小王最终顺利地领取了自己所需要的5升硝酸。

问题和思考

小王究竟采用了什么方法而取得了这难领的5升硝酸呢？

答案和解析

其实方法很简单,把玻璃球放进装有硝酸的瓶子里,使硝酸的液面上升到 10 升的刻度,然后往空瓶子中倒硝酸,当液面下降至 5 升刻度处即可。

3 机智的过桥

有一个农民老伯挑着扁担,吊着两个竹筐从集市上往家赶,他卖完了货物心里高兴,现在挑着空了的竹筐,很是轻松。

当他走回到一座只能通过一个人的独木桥的中间时,从对面过来一个男孩,老伯本想退回去的,以便让小男孩先过桥,可是回头一看,不好了。为什么?因为身后又过来一个小女孩,她同样也快要走到他的跟前了。

这可怎么办?农民稍微想了一下,哦,有了!他终于想出了一个好办法,让他自己和两个孩子谁也不用退回去就能顺利过桥。

问题和思考

这位农民老伯究竟想了什么办法能让他自己和两个孩子谁也不用退回去就能顺利过桥呢?

答案和解析

这位农民老伯是这样做的,他让两个孩子分别坐进他扁担下面的两个筐子里,然后他自己把扁担从右肩换到左肩上,这样一来,竹筐就前后换了位置,两个孩子就顺利过桥了。然后,他自己再把扁担从左肩换回右肩,继续过自己的桥。

4 如何过河

有一位农夫要过河，他带了一只狗、一只兔子和一棵白菜。而在河边，只有一条很小的旧船，旧船太小了，以至于农夫每次最多只能带其中的一样东西上船，不然就会有沉船的危险。可是，农夫如果把菜带上船的话，调皮的狗就会欺负胆小的兔子，而如果把狗带上船的话，贪吃的兔子会把白菜吃掉。这可怎么办呢？于是发愁的农夫坐在河边想了很久，终于，农夫想出了一个好的办法。

问题和思考

农夫是怎么做到既把所带的东西全部运过河，又不出现狗欺负兔子或者兔子不吃白菜的情况呢？

答案和解析

农夫是这么做的：第一步，农夫先把兔子运到对岸，然后空手回来；第二步，农夫把狗运到对岸，把兔子再带回来；第三步，农夫把兔子留下，带菜到对岸，农夫空手回来。最后，农夫带兔子到对岸。这样三件东西都带过河去了，一件也没有遭受损失。

5 一封国外来信

小明收到一位朋友从国外发来的信，信的内容是这样的："今天是我们来到以色列的第五天，我们去了以色列和约旦接壤的国界附近，那里有一个湖，湖水很清澈，于是我们就在那里的湖中痛快地游了一次泳。这游泳的感觉真是太棒了！以前，大家一直嘲笑我是一个不会下水的旱鸭子，可这一次，我发现我的表现实在是超乎寻常的棒。我突然发现游泳真的是一种享受。在湖水里，我既能够自由泳，也能够仰泳。而当我伸展我的四肢，自由地浮在水面上，仰望蓝天和白云时，我觉得自己简直就是在天堂。而当我吸一口气潜入水下时，感觉也很爽，事后我才知道，我的那一下潜，深度竟然达到了海平面390米以下，告诉你，我可是没有使用任何的潜水工具哟。说了这么多，你可能认为我是在撒谎，但我不得不说，我说的每一句话，都是千真万确的哟，只不过，游泳之后皮肤感到很粗糙罢了……"

问题和思考

读了这封信后,小明觉得他的朋友要么是在吹牛,要么是在编故事开玩笑。那么,他说的真的是无稽之谈吗?这封信的可信度有多少呢?

答案和解析

事实上,小明的朋友没有吹牛,因为他游的是著名的死海。因为死海的水中所含的盐分很高,大约是一般海水的7倍,因此浮力很大,大到人在水中根本就不会下沉的程度。死海的水平面本身就比海平面低390米,所以只要下潜哪怕一点点,也就到了海平面390米以下了。因此,小明的朋友没有说谎,这么写信,只不过是故意炫耀自己的能力罢了。

❻ 你不能罚我款

著名的英国小说家狄更斯在湖边悠闲地钓鱼,这时,一位陌生人来到他跟前跟他搭讪:"您好,这里能钓上鱼来吗?""噢,当然能啊,"狄更斯热情地回答说。"可没见你钓上来啊。""就是呢,今天钓了半天,也没见一条鱼上钩;可就在昨天,也是在这儿,我一下子就钓到了15条呢!""噢,真的是这样吗?"陌生人高兴了起来:"那你知道我是谁吗?"狄更斯困惑地摇了摇头:"什么意思?""告诉你吧,我是这一带专门检查钓鱼的。因为本湖是禁止钓鱼的,违者罚款。"边说他边从口袋里掏出了罚款单,准备开写罚款单。见此情景,狄更斯乐了,他不慌不忙地反问了一句:"那你知道我是谁吗?"这一次轮到罚款先生困惑了:"你是谁也要罚款啊!""我就是作家狄更斯,你无法罚我的款……"当狄更斯说出理由后,罚款先生还真的拿这位作家毫无办法。

问题和思考

那么,狄更斯说出的是什么理由呢?为什么这理由使得罚款先生无法罚狄更斯的款呢?

答案和解析

当时狄更斯说出了一个无可辩驳的理由,我的职业是作家,作家的本职工作就是虚构故事,刚才我说的昨天钓了15条鱼,那是我的虚构。

7 快与慢的比赛

古时候,一位老人已经奄奄一息。他觉得自己不行了,于是,就把两个儿子叫到床前,说:"你们骑马到西山然后再回来,只要谁的马跑得慢,咱家的家产就归谁。"两个儿子因为都想速度慢,所以就都缓缓而行。一个过路人见他们感觉奇怪,就问是怎么一回事,当问明原因后,这位过路人就对这两个儿子说了一句话。这一来不要紧,这两个儿子马上就快马加鞭,疯了一般向西山驰骋而去,唯恐被对方落下。

问题和思考

那么,这位过路人究竟说了一句什么样的话呢?

答案和解析

当时,那位过路人说:"你们这样比,到啥年月才能比出结果?照我看,你们不如把你们的把马换过来骑。"一旦换过马来,谁跑得快,谁就成为胜利者了。因为父亲说的是谁的"马"慢。快与慢是相对的,问谁的马慢与问谁的马快是一回事,只是问题的角度变换了而已。

8 贪心的袋子

有一次,县令外出,看到一群人正围着两个人议论纷纷,便命令停轿,下去查问。

这时,一个中年胖子立刻跪倒在地,对县令说:"我装着十五两银子的钱袋被这个年轻人捡到了。可是,他说钱袋里只有十两银子,偷走了我的五两银子。"

那个年轻人一听急了,急忙跪下分辩说:"老爷,今天早晨我去给我妈买药,捡到一个装着十两银子的钱袋。因为着急,就先回家送药。送药到家后,我妈催我赶紧回来等待失主。可这位先生来了,硬说这袋子里面是十五两银子!"

大家都很生气,都说这个胖子一贯不老实,这次又是在讹人。大家都替年轻人喊冤。县令一看这种情况,就问胖子:"你丢的银子真的是十五两吗？你确定？"

"回老爷的话，确确实实是十五两银子，我确定。"胖子十分肯定地回答道。

县令说："既然这样，那我明白了。是这样的……"

县令当即对胖子说了他的处理决定，大家一听，都乐了，周围的人全都拍手称快，只有那胖子，蔫了。

问题和思考

那么，县令究竟是如何判定这个案子的呢？

答案和解析

当时，县令说："既然你确定你丢的袋子里的银子是十五两，而不是十两，那么这个袋子就不是你的，那你就在这里继续等你的装有十五两的袋子好了。"

9 神偷与保险柜

　　这年冬天寒流来袭的一天，女盗梅姑应刘侦探之邀来到侦探事务所。一进屋，见到屋子中间摆着三个新型的保险柜，她感到有些吃惊。这是三个完全一样的保险柜。

　　"噢，梅姑，你来得正好。都说你是开保险柜的巧手，那么现在我请你在10分钟之内，不许用电钻和煤气灯，打开这三个保险柜，你能做到吗？"刘侦探问道。

　　"三个总共用10分钟吗？"

　　"不，一个用10分钟。"

　　"要是这样的话，没什么问题。"梅姑很自信地说。

　　"请问一下，这保险柜里面装的是什么？"

　　"里面是空的。"

　　"噢？"

　　"实际上，这是一家保险柜生产厂准备在今春上市的新产品，并计划推出这样的广告宣传词：'连神侠女盗梅姑也望尘莫及的产品'。为了慎重起见，保险柜生产厂家特地委托我请你来给试验一下，并且提出无论成功与否，都要用摄像机把你的开启过程摄录下来送交厂方。"

　　刘侦探开始安装摄像机的三脚架。

　　"还没我打不开的保险柜呢，可如果10分钟内打开了怎么说？"梅姑问刘侦探。

　　"如果10分钟内打开了，就可以得到厂家一笔可观的酬金。你还是快干吧，我用这个沙漏给你计时。"

　　刘侦探把一个10分钟计时的沙漏倒放在保险柜上面。梅姑也跟着开始行动。她将听诊器贴在保险柜的密码盘上，慢慢拨动着号码，以便通过微弱的手感找出保险柜的密码。

1分钟、2分钟、3分钟……沙漏里的沙子在静静地往下流。

"梅姑小姐，已经9分钟了，还没打开吗？只剩最后一分钟。"

"别急嘛，新型保险柜，指尖对它还不熟悉。"

梅姑瞥了一眼沙漏，全神贯注在指尖上，终于找出了密码。因为是6位数的复杂组合，所以多费了些工夫。

"好啦，开了。"梅姑打开保险柜时，沙漏里的沙子还差一点儿就全漏到下面去了。

"可真不赖，正好在10分钟之内。那么再开第2个吧。不过，号码与方才的可不同啊。"刘侦探边说边把沙漏倒了过来。

第二个保险柜，梅姑也在规定的时间内打开了。沙漏上边玻璃瓶中的沙子还有好多呢。

"真是个能工巧匠啊，趁着兴头，接着开第三个吧。"

"如果是一样的保险柜。再开几个也是一样。"

"但三个保险柜都要在规定的时间内打开，否则你就拿不到酬金。实话告诉你吧，酬金就在第三个保险柜里面。"

"那好，请你把炉火再调旺些，这么冷手都麻木了，手感迟钝了。"梅姑说。

刘侦探赶紧将煤油炉上的火苗往大处调了调，并把炉子挪到了保险柜的前面。梅姑把手放在炉火上，烤了烤指尖。

"怎么样，准备好了吗？"

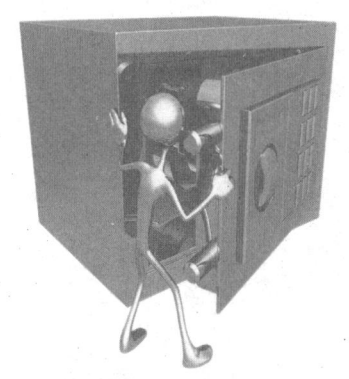

"开始吧。" 刘侦探将沙漏倒过来，梅姑就紧接着开第三个保险柜了。

然而，这次沙漏中的沙子都流到了下面，10分钟已过，但保险柜还没有打开。

"梅姑小姐，怎么搞的？10分钟已经过了呀。"

"怪了，怎么会打不开呢，可……"梅姑瞥了一眼煤油炉旁的沙漏。

"刘侦探，这个保险柜没什么问题吧？我敢肯定是做了手脚。"

梅姑有些焦急，额头上沁出了汗珠，可依然聚精会神地开锁。约莫过了一分钟，她终于把保险柜打开了。柜中放着一个装有酬金的信封。

"这就怪了，与前两次都是一样的干法，这次怎么会慢了呢？"她歪着头，感到有些纳闷。忽然，她注意到了什么，"我差一点儿被你蒙骗了，我就是在规定时间内打开的保险柜，酬金该归我了！"

"哈哈哈……还是被你看出来了，真不愧是神侠女盗啊，还真的是骗不了你。"刘侦探乖乖地将酬金交给了梅姑。

问题和思考

那么，刘侦探是用什么手段做的手脚呢？

答案和解析

刘侦探借机故意把沙漏放到了煤气炉旁。因为煤气炉发出

的热量使得沙漏的玻璃膨胀，漏沙子的口也随之变大。这样，沙子下落的速度就会加快，所以，即便上部玻璃瓶的沙子全部落到下面，其实也还不到10分钟时间。

10 谁是漂亮的那个

在阿伦、布赖恩和科林这三个青年之中，只有一个人长得漂亮。当别人问起他们三个究竟是哪一个人漂亮时，他们是如此回答的：

阿伦如实地说：

（1）如果我不漂亮，我就不可能通过物理学的考试啦。

（2）如果我漂亮，我肯定能通过化学的考试。

布赖恩如实地说：

（3）如果我不漂亮，我就不可能通过化学的考试。

（4）如果我漂亮，我肯定能通过物理学的考试。

科林如实地说：

（5）如果我不漂亮，我就不可能通过物理学的考试啦。

（6）如果我漂亮，我肯定能通过物理学的考试。

实际情况是：

A. 那漂亮的青年是唯一能通过某一门课程考试的人。

B. 那漂亮的青年也是唯一不能通过另一门课程考试的人。

问题和思考

那么，这三个人之中究竟谁是那个漂亮的人呢？

答案和解析

我们可以这样来分析：如果阿伦是那漂亮的青年，那么根据(2)，他将通过化学考试；而根据B，他将不能通过物理学考试。如果阿伦不漂亮，那么根据(1)，他将不能通过物理学考试；而根据B，他将通过化学考试。如果布赖恩是那漂亮的青年，那么根据(4)，他将通过物理学考试；而根据B，他将不能通过化学考试。如果布赖恩不漂亮，那么根据(3)，他将不能通过化学考试；而根据B，他将通过物理学考试。如果科林是那漂亮的青年，那么根据(6)，他将通过物理学考试；而根据B，他将不能通过化学考试。如果科林不漂亮，那么根据(5)，他将不能通过物理学考试，而根据B，他将通过化学考试。现在可以得到如下一些判断：

如果那么	他只能
阿伦是那漂亮的青年	化学考试
阿伦不漂亮	化学考试
布赖恩是那漂亮的青年	物理考试
布赖恩不漂亮	物理考试
科林是那漂亮的青年	物理考试
科林不漂亮	化学考试

阿伦不可能是那唯一的漂亮青年，否则阿伦和科林都能通过化学考试，从而与A发生矛盾。科林也不可能是那唯一的漂亮青年，否则布赖恩和科林都能通过物理考试，从而与A发生矛盾。然而，如果布赖恩是那唯一的漂亮青年，那他倒是唯一能通过物理考试的青年，与A相符合，而且他也是唯一不能通

过化学考试的青年，与 B 相符合。因此，布赖恩就是那漂亮的青年。

11 找出不合格产品

有 13 个零件，外表完全一样，但其中有一个是不合格品，它的重量和其他合格品的不同，而且轻重不知。请你用天平称 3 次，把它找出来。

问题和思考

如何才能找出这件不合格产品呢？

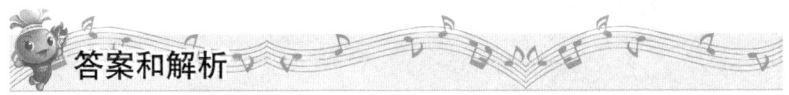

答案和解析

先在天平的两边各放 4 个零件，如果天平平衡，说明坏的在另外的 5 个里，再称两次不难找到。如果不平衡，说明坏的在这 8 个中，此时要记住哪些是轻的，哪些是重的。剩下的 5 个是合格的，可以作为标准。然后把 5 个合格的放在天平的左端，取 2 个轻的，3 个重的放在右端。此时如果右端低，说明坏的在重的 3 个里，一次就能称出。照这个方法做下去，就能找到那件不合格产品了。

12 死者写的字

有一名青年死在了一座26层高的大楼旁边。警方经过勘查后，断定死者是从这座楼的楼顶上坠落下来的。警方发现在这名死者的手心上用笔写着一个"森"字，好像是在暗示杀人凶手的名字，可能是因为时间有限只写了一个字。笔就落在了他手边的地上，而且只有他的指纹。

警方根据看电梯人员的举报，找到了案发当时也在楼顶上的5名嫌疑人。他们都与死者认识，找到他们之后，他们都说死者不是自己推下楼的。这5名嫌疑人分别叫：张宇、刘森、赵方、张森、杨一舟。这时警方想起了死者手心上的那个字，认定了杀人凶手。

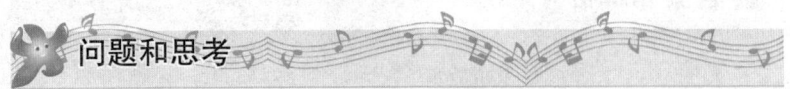

问题和思考

警方是如何根据死者手心上的那个字认定杀人凶手的？为什么是他呢？

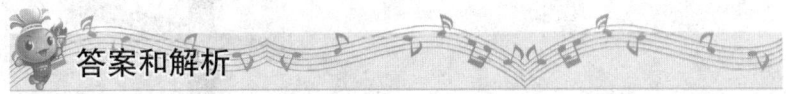

答案和解析

凶手正是张森。从推理的角度来看，五个人中，如果凶手是赵方和杨一舟，那么被害人只写他们名字中的一个字就可以代表凶手了，因为没有与其他人名中相同的字，比如赵方的"方"或杨一舟的"舟"字，而"张宇、刘森、张森"这三个人的名字中有相同的字，如果凶手是张宇，被害人只写"宇"就可以

了，所以不是他。同样，如果是刘森的话只写个"刘"就可以代表他了，所以凶手就只能是张森了。

13 手纸上的字母

一天早晨，漂亮的歌星丽莎死在了银座公寓里。最先发现尸体的是她的经纪人，他看见她的房门没有上锁，以为是她太粗心了，便走进了她的房间里，但却不见丽莎的人影。只见卫生间的门是从里面拴着的，打不开，门缝底下流出的血已经凝固。经纪人大吃一惊，他马上叫来公寓管理员，一起撞开了卫生间的门，只见丽莎穿着睡衣坐在马桶上，已经死了。死因是被匕首状的凶器刺中了背部。从现场来看，好像是在卧室遭到袭击后逃进卫生间，从里面插上门，以防凶手追击时断气的。警察勘查了现场，但没有发现任何提供凶手线索的证据，调查一时陷入了困境。

事后，派出所的办案人员赶巧碰上了他们的好友刘侦探，于是便将案情和搜查中遇到的难题向刘侦探描述了一遍。刘侦探赶到了现场，很感兴趣地查看了被害人死去的卫生间。接着，他告诉办案人员，凶手是姓名的拼音以A和K开头的人。

刘侦探是从哪儿发现凶手名字的拼音字头的呢？

实际上，细心的刘侦探是在厕所的手纸上发现的。被害人

逃进卫生间后，把手纸拉出几米长，用自己的血写下了凶手名字的拼音字头，然后再把手纸卷好。这样即使凶手撞开卫生间的门，也不必担心那血写的字母被发现。过后谁用手纸时就会发现血书而报告警察的。警察勘查现场时，没有检查手纸，是个疏忽。

14 我的房间呢

　　小哈升职了。作为公司的高级雇员，他被特许搬入公司新建的自动化住宅楼——双子大厦。

　　"你知道吗？今天有个新来的要搬进来。"

　　"呵呵……我知道你在打什么主意。老规矩，新来的捉弄他一下。"

　　"你们两个人又准备开谁的玩笑了，带我一个。"

　　"好，我们就这样……这样……那样……"

　　"你好，我是小哈，来看新房子的。"

　　"是小哈，"大堂服务台的云柳查了查记录说，"噢，在这，这是你的ID卡。双子大厦房门都是用ID卡开的。千万别弄丢了。你的住房是在19层，找到后，把这个插在门上。因为10层以上还没装门牌号……"

　　"我还要自己找啊，不会打扰别人吧。"

　　"没关系，19层现在就你一个住客。"

　　小哈正兴奋地握着ID卡等电梯的时候，突然有人拍了拍他的肩膀。

　　"小哈，恭喜你啊"。

　　"是小浩啊，你升得比我快，搬来快一年了吧。我住在

19层，你住几层啊？"

"20层，我给你介绍一下，这位是销售部的阿南。这位是公关部的小哈。"

"很高兴认识你……"小哈在和阿南握手的同时，眼球已经完全被阿南手上的一本杂志所吸引。

"啊，这不是现今最畅销的杂志吗？"小哈兴奋地说："能借给我看看吗？"

"好的，你先看吧。"阿南边说边把手里的杂志递了过来。

"叮……"

"小哈，电梯来了。"小浩边说边把已被杂志的内容深深吸引的小哈拉进了电梯。

"小哈，晚上有空一起去喝酒吗？"小浩问道。

"嗯嗯……"

"小哈，今天你请客哦。"

"嗯嗯……"

"叮……"

"好啦，到了，别看了。"小浩一把抢过杂志说："别忘了请客喝酒。"

"啊？我请客喝酒？"小哈一脸茫然。

"你刚才答应的。"小浩说，"这之前就先带我们参观一下你的新房吧。"

三个人在19层转了老半天。总算是发现了一间能用小哈手中的ID卡刷得开的房间。

"就是这间了。"一进房，小哈便迫不及待地跑到了阳台上，要体验一下在自己的豪华公寓内观景的感觉。

"好了，先别感动了。"小浩催道："时间不早了。我们去喝酒庆祝吧。"

"这么急干吗?"

"再不去,酒馆就客满了。"小浩把杂志塞给小哈道:"这借你看行了吧,走啦。"

第二天早上,小哈伴着一阵头痛从梦中醒来。昨天晚上喝得实在是太多了。结果还是小浩送他回来的。洗漱一遍后,小哈又里里外外地参观了一下新居。还兴奋地在阳台上大吼了几声。

10点钟,小哈在门上插上了门牌,离开了。

下午2点,小哈带着一大堆行李回到了双子大厦。

"呀?怎么我的门牌不见了,是谁在恶作剧。嗯?ID卡也不管用了。这是怎么回事?这确实是我的ID卡啊。我还做了记号。难道我搞错房间了?"

小哈忙在19层的其他房间门上挨个试自己的ID卡。但是整个19层都被刷遍了,也没能找到自己的房间。

问题和思考

小哈的房间究竟去了哪里,前一天不是还打开过吗?

答案和解析

原来,事情是这样的:阿南骗小哈住进19层,其实是住在了18层。当然事先带了一本小哈喜欢的杂志,他们把小哈带到18层,进房间后,怕小哈发现楼层不对,就赶紧提醒去喝酒,并把那本杂志再次送给他,所以,下楼的时候小哈也

未发现楼层不对。等喝醉后，小浩把他送到了19楼小浩自己的房间，等小哈出去再回来的时候，由于手上的ID卡是开始的时候云柳给他的18层的ID卡，所以，打不开任何19层的房间。

15 邮票背后的证据

这几天，斯德哥尔摩市的天空一直被阴云笼罩着，而马尔逊·巴克警探的心情也格外沉重。此刻，他正忧心忡忡地朝嫌疑犯的事务所走去。这是一件很棘手的案子，有一个富家幼子被绑架，虽然付了大笔的赎金，可人质却没有生还。显然罪犯一开始就没打算归还人质，恐怕早已将幼儿杀掉了。从这一点来看，罪犯肯定是熟悉被害人家庭内情的人。经过反复侦查，经常出入被害人家的会计事务所的会计师坎纳里森，被列为嫌疑对象。这家会计事务所就在左前方。让人觉得蹊跷的是，此前，这家事务所的生意一直萧条，而最近却忽然火爆起来，这也不能不令人倍感不解。

巴克与他的同事走进了赫雷斯·坎纳里森会计事务所，只见坎纳里森正舔着邮票往文件上贴。

"百忙之中，多有打扰，实在……"

"哦，又是为那桩绑架案吧？"坎纳里森一副不太情愿的样子，将两人让至待客的椅子上坐下。"我的合伙人赫雷斯刚好出去了，所以我就不请两位用茶了，很抱歉。我因为身体不好，医生禁止我喝茶，只能喝水，无论走到哪儿也总是药不离身啊。"

他一直喋喋不休，似乎在有意隐瞒着什么，但巴克仍若无其事地说："不必客气。"

"要是有个女事务员就好了，可直到前一阵子，经营情况依然很糟，一直未顾得上聘请……"

"您是说已经摆脱困境，那么请问，您是怎么筹到资金的呢？"

"嗯？不，资金到处都是……"

"请您说得具体一些，好吗？"

"一定要说具体吗？"

巴克端正了一下坐姿，"坎纳里森先生，您的血型是Ａ型吧？"

"正如您说的，也许因为我同赫雷斯都是Ａ型血，很多人都觉得不可思议，这是不是缘分呢……"

"我们从被送到被害人家的恐吓信的邮票的背面验出了您的指纹，而且上面留有Ａ型血的唾液，您有舔邮票贴东西的习惯吧？"

"噢，您连这都知道……"

"还是让我来问您吧。您的钱是怎么筹措到的？"

"实际上……说起来你们恐怕不会相信，是我捡的。那是绑架案发生数日后的一天，刚好是在那边椅子的一旁，有一个

被什么人遗忘的包，里面装的全是现金。"

"您告诉赫雷斯了吗？"

"没有。我想大概会有人来问的，便保存了起来。但始终没见有人来问，于是……我对赫雷斯说钱是我从我的亲戚、朋友那里张罗来的，因为前一段时间他干得颇有成绩，所以我也不想落后……"

坎纳里森战战兢兢，以为自己会被逮捕，但巴克他们因为没有证据，所以便起身告辞了。这是个很大的失误。坎纳里森当天晚上便服毒自杀了。在抽屉里发现了盛毒药的小瓶，但没有发现遗书。

巴克后悔不迭，为了消愁解闷，他同担任坎纳里森尸体解剖的法医随意攀谈起来。谈着谈着，法医忽然想起来了什么，说道："对，对，死者是非分泌型体质。"

"糟了！坎纳里森不是绑架罪犯，他是被罪犯所杀，而又被伪装成自杀的。"巴克猛然醒悟了过来。

"到底是怎么回事，巴克？"同事问道。

"坎纳里森的会计事务所的经营状况一旦好转，肯定还有一个受益者，那就是合伙人赫雷斯。而且，若将绑架罪犯的罪名转嫁给了坎纳里森，然后再伪装他是自杀，那么事务所就会悄然落到赫雷斯一个人的手里。"

"可是，断定坎纳里森不是绑架罪犯的证据又是什么呢？而且，一个被医生禁止连茶都不能喝的人，又怎么可能让他喝毒药呢？"昨日与巴克同去的同事提出了疑问。

"证据是有的，而且是有力的证据。"巴克不慌不忙地说道。

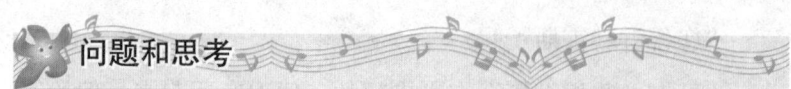

问题和思考

那么，巴克所说的证据究竟是什么呢？

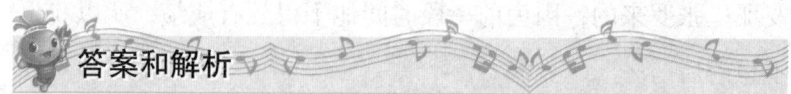

答案和解析

坎纳里森为非分泌型体质，这就意味着其唾液、胃液、精液等分泌液中不分泌血液型物质。因而根据上述分泌液判断的血型容易被误定为A型。正因为绑架恐吓信的邮票后面的唾液是A型，所以才认定是坎纳里森的分泌物。由于赫雷斯不知个中原委，自以为同是A型血，才搞到了坎纳里森触摸过带有指纹的邮票，再由自己舔后贴在恐吓信上。坎纳里森自己舔过的，是工作上用的邮票。而他舔过的邮票中被赫雷斯事前涂过毒。至于抽屉中的药瓶，那是赫雷斯为了转移警方的视线而捣的鬼。

16 招侦察员

有一年，部队派人下来带兵，想招收一名侦察员。考试的方法是：凡是报考的人都被关在一间条件较好的房间里，每天有人按时送水送饭，门口有专人看守。而且事先说好，只要你需要买的东西，当监考人员说我们可以替你买时，你的买所需东西的请求，就算是满足了。考试的要求是，谁先从房间里有充分的理由走出去，谁将被录取。

考试开始了，有人说头疼要去医院，守门人请来了医生；

有的说母亲病重，要回去照顾，守门人用电话联系，说她母亲正在上班。还有其他人也提了稀奇古怪、乱七八糟的不少理由，都失败了，守门人就是不让他们出去。

最后有个考生走到守门人跟前说了一句话，守门人只好把他放了出去。

问题和思考

这个考生走到守门人跟前说了一句什么话，使得守门人不得不把他放了出去呢？

答案和解析

这个考生走到守门人跟前说了一句："我放弃考试啦，我要回家。"守门人对一个放弃考试要求退出的人是没有任何理由拒绝他走出大门的。

有趣味的想象力

① 烟袋的主人是谁

古时候，有两个人各抓着一杆长烟袋的一头一起来到了县衙。当县太爷问他们有什么事情时，他们两人就赶紧一起把手中的烟袋递到县太爷的面前，都争着说这杆长烟袋是自己家里的传家之宝，可是却被对方偷了去。求县太爷给自己做个明断。

县太爷看了看烟袋，又看了看他们两个人，都一脸真诚的样子，竟然一时难住了县太爷，这无头无绪无证人的案子可如何了断？

正在这时，县太爷身边的一位师爷走了过来，把嘴凑到县太爷的耳边，说了几句，县太爷立即眉开眼笑。对下面的这两个人说："这样吧，这管烟袋你们谁也别争了，本县我没收啦。不过，本县我不会白要，我会给你们烟袋所值的银两的，到时候你们平分就是了！"

不过，本县我不会抽烟，只要你们两个各自在我面前抽上几袋烟，让我看看这烟袋如何使用，我就给你们钱放你们回去。

底下的这两个人都显得颇为无奈，一副不情愿的样子，但县太爷的话又不能不听，只好各自抽了一袋烟。两个人在抽完烟时，其中一个在烟灰吹不出来时，漫不经心地使劲往地上磕了几下烟袋，以便把里面的烟灰磕出来；而另一个人则是轻轻地用小木片，小心翼翼地将烟灰挑了出来。

当两个人都依次抽完烟后，县太爷果断地把烟袋判给了那个将烟

灰轻轻地挑出来的人。

问题和思考

县太爷为什么把烟袋判给了那个将烟灰轻轻地挑出来的人?

答案和解析

县太爷是对的。因为对于自己珍爱的东西传家宝，真正的主人会十分珍惜的。他绝不会漫不经心地随意磕碰它。因此，那位珍惜和爱护烟袋的人才是真正的主人!

② 洋娃娃是什么颜色

小雪买了一个非常漂亮的洋娃娃放在家里，小雪上学时把这事儿告诉了她的同学。她说她新买的洋娃娃样子漂亮，颜色也好看。因为她的同学们都没见过这个洋娃娃，于是大家就开始猜洋娃娃的颜色了，明明先说道："我猜你买的洋娃娃肯定不会是绿色的。"亮亮接着说："我猜你买的洋娃娃不是白色

的就是灰色的。"军军说："我猜你买的洋娃娃一定是灰色的。"

问题和思考

这三个人的说法当中至少有一种是正确的，至少有一种是错误的。那你现在知道小雪的洋娃娃到底是什么颜色的吗？

答案和解析

可以这样来思考，假设洋娃娃的颜色是绿的，那么三个人的三句话都是错误的；假设洋娃娃是白色的，那么，前两种的看法是正确的；假设洋娃娃是灰色的，那么，三种看法就都是正确的。因此，合理的答案只有一个，那就是小雪的洋娃娃是白色的。

❸ 送给国王的礼物

有一个老国王，到了晚年也只有一个独生女儿，为了能为自己聪明美丽的女儿招到有真才实学的驸马，老国王伤透了脑筋。终于有一天，老国王想到了一个聪明的主意。

老国王下诏书，通知全国上下任何未婚的男子都可以前来应招驸马。不过老国王出了一道难题给这些前来应招的准驸马们：你可以前来报名，但是你们不能带任何礼物，但同时又不能空着手不带礼物前来。

所以一开始打算前来报名的人，在听到这道难题后，都纷纷摇头并无奈地退出了。只有一个年轻的小伙子十分聪明，他略微思考了一下，便胸有成竹地来到了皇宫内。

国王对于他的表现十分满意，于是答应将女儿嫁给他，并招他为驸马。

问题和思考

这个年轻小伙子是怎么做到既不带任何礼物，同时又不空着手不带礼物去皇宫的呢？

答案和解析

这个年轻小伙子是这样做到的。他带了一只小鸟进了皇宫，然后当着国王的面又把小鸟放飞了。这样一来，他既没有带给国王礼物，又没有空着手不带礼物前来。

❹ 宝剑引起的风波

在北魏时期，有一位名叫谢希逸的人曾在孝武帝时做过御史大夫，并获得了一把由孝武帝亲自赐给他的宝剑。因为谢希逸同当时的朝中大臣鲁爽的关系很好，于是他就把这把孝武帝赐给自己的宝剑转送给了好朋友鲁爽。

可令人意想不到的是，后来鲁爽却背叛了孝武帝，成了叛臣。

这下可把谢希逸吓坏了，自己把皇上赐予的宝剑竟然送给了一个叛臣，这件事一旦被孝武帝知道了，那可是百口莫辩啊，那肯定是杀头的罪呀。可偏偏就有一天，孝武帝突然想起了宝剑的事儿，就随口问身边的谢希逸："朕当年送给你的那把宝剑现在在哪里呢？谢希逸不敢欺骗皇帝，所以只好坦白自己把宝剑送给了鲁爽。可就在孝武帝发怒的前一刻，他急中生智，为自己找到了一个开脱罪名的方法，于是就把这理由冠冕堂皇地讲了出来。讲完这个理由，

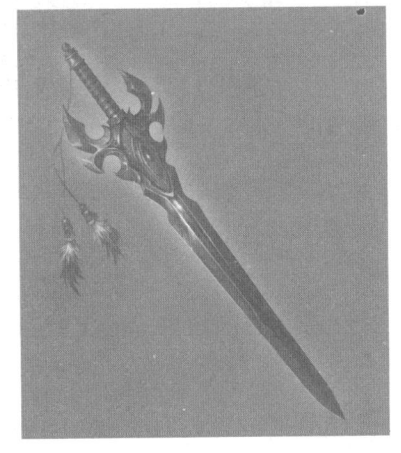

他不仅保住了自己的性命，还重新获得了武帝的信任和赏赐。

问题和思考

谢希逸情急之下讲了一个什么理由呢？

答案和解析

谢希逸理直气壮地说："圣上，我送给鲁爽宝剑的目的是要惩戒他，让他自裁！一个臣子上不能报效国家朝廷，下不能保全妻子儿女，大逆不道，乱臣贼子，有何面目活在这个世上？"

⑤ 找出那筐轻的

这里共有10筐苹果，每个筐里有10个苹果，共是100个，每筐里苹果的重量都是一样的，其中有9筐每个苹果的重量都

是1斤，另一筐中每个苹果的重量都是0.9斤，但是外表是完全一样的，用眼看或用手摸都无法分辨出来。现在你能用一台普通的大秤，一次就把这筐重量轻的苹果找出来吗？

问题和思考

如何用一台普通的大秤一次就把这筐重量轻的找出来呢？

答案和解析

把10筐苹果按1~10编上号，按每筐的编号从里面取出不同数量的苹果，如编号为1的筐里取1个，编号为5的取5个，共（1+10）×10/2＝55个。如果每个苹果的重量都是1斤，一共应该是55斤。由于其中有一筐的重量较轻，所以不可能是55斤，只能在54~54.9斤之间。如果称量的结果比55斤少x两，重量较轻的就一定是编号为x的那筐。实际上，为了称量的方便，第10筐的苹果也可不取，一共取45个，最多45斤。如果称得的结果正好是45斤，说明第10筐是轻的。否则，少几两，就是编号为几的哪筐的苹果最轻。

6 用蚊香计时

小白在商店里买了一盒蚊香，其中平均每卷蚊香可点燃半个小时。他想用这些蚊香测量 45 分钟时间，如何操作？

问题和思考

他想用这些蚊香测量 45 分钟时间，如何操作？

答案和解析

先将一卷蚊香的两端同时点燃，并将另一卷的一端点燃。当点燃两端的蚊香烧尽时，再将另一卷蚊香的一端点上火，等燃烧殆尽后，便是 45 分钟的时间。

7 如何避开小狗

有一只小狗，被一根 10 米长的绳子绑在木桩上，绑木桩的那端是绑牢的，无法转动。小高以木桩为中心站于狗的反方向。小狗打算咬小高所以拼命追着他跑。于是小高沿着半径 10 米的圆周而逃。最终，成功避开了小狗的追逐，获得安全。

问题和思考

小高是如何成功地避开小狗的追逐，而获得安全的呢？

答案和解析

由于狗被绑在木桩上。当它沿着圆圈移动时,绳子就会愈来愈短,因此是咬不到小高的。

8 地面上最高之处

一次,小百合和红玫瑰二人一起乘船去旅行。突然红玫瑰开口说:"此处的标高为地面上的最高之处。"小百合初时甚为不解,觉得红玫瑰的话不可思议,后经红玫瑰说明后,恍然大悟,觉得确实是这样。

问题和思考

正在乘船的红玫瑰说:"此处的标高为地面上的最高之处。"可能吗?

答案和解析

红玫瑰说的"此处的标高为地面上的最高之处"是对的。因为,当时船正航行于马里亚纳海沟之上。此处是世界上最深的海沟,深度为11034米,而珠穆朗玛峰才不过8848米的高度。

9 分开卖咋亏了

有人在街上卖菠萝,一箱菠萝10斤重,他卖1元钱一斤。

有个买菠萝的人说:"一箱我全都买了,回去做罐头。麻烦你帮我把皮削下来,里面的部分算7角钱一斤,另外,不会让你亏的,皮我也要,算3角钱一斤。这样加起来还是1元,你说好吗?"

卖菠萝的人想了想,7角加3角正好等于1元,没错,于是就同意了。

他把菠萝皮削了下来,里面的果肉一共是8斤,皮是2斤,加起来10斤。8斤果肉是5.6元,2斤果皮6角钱,共计6.2元。

卖完菠萝后,卖菠萝的人觉得钱好像不够,后来越想越不对,原来是算好了的,10斤菠萝明明可以卖10元,现在怎么只卖了6.2元呢?可刚才的账也对啊,这是怎么回事儿呢?我的那3.8元钱哪儿去了呢?

问题和思考

那么,卖菠萝的那3.8元钱究竟哪儿去了呢?

答案和解析

一定要明白，菠萝原本是1元钱一斤的，也就是说，不管是里面的果肉，还是外面的部分，都是1元钱一斤的。而分开以后，里面果肉只卖了7角钱1斤，而外面的皮则只卖了3角钱1斤，这当然要赔钱了。卖菠萝的那3.8角钱，就是被这两种算法的差价吃掉啦。

10 被暗算的劫机犯

飞机起飞30分钟后，两名男子冲进了后舱的配餐室，端着手枪对着空姐，要她接通机长的机内电话。电话刚一接通，罪犯中有一个人就从她手中抢过电话："是机长吗？你好好听着！这架飞机被我们劫持了，空姐是人质。下面请按我的命令行事。首先让全体乘客都系上安全带。"

"明白，你们劫机的目的是什么呢？"机长应答着。

"这个以后告诉你，快点儿指示系安全带！"罪犯随即挂断了电话。

机内马上显现出了系好安全带的信号。客舱中顿时嘈杂声四起，但大家都根据指示开始系安全带。

"你们，也都坐到空着的座位上系上安全带！"罪犯命令着乘务员，又抓起电话与机长通话："现在我要到你那里去，把驾驶舱的门给我打开。不要做蠢事，这里我的同伴已把乘客作为了人质。"

"知道了。你来吧，我们谈谈。"

两名罪犯端着手枪出现在客舱。一边缓步穿过过道。一边确认乘客是否都系上了安全带。其中，一人站在过道中间大声地宣布："诸位，该机被我们劫持了，我们不打算伤害诸位，到达目的地后就会释放女人和孩子。"

但是这种有滋有味地演讲还没有讲完，几秒钟后，事态就发生了戏剧性的转化，这起劫机事件很快落下了帷幕，两名劫机犯丝毫没有作抵抗就被乘客们制服了。

问题和思考

两名劫机犯的演讲还没有完，就被乘客们制服了。这是为什么？

答案和解析

就在劫机犯讲演的时候，机长操纵着飞机迅速下降了大约50米，紧接着又上升了大约30米，这造成了"空中陷阱"现象。由于两名劫机犯站在过道上没有系安全带，所以头重重地撞到了机舱顶，于是就倒下休克了。而由于乘客和乘务员们都系着安全带，所以平安无事。所谓的"空中陷阱"，也称作"乱气流"，是指高空中因气流下降等原因而使飞机突然下落的现象。

11 狮子的喷嚏

马戏团的这只狮子已经和女驯兽师合作过无数次了，每一次女驯兽师在演出的时候，都会把头伸进它的嘴里，它都很配合，从来不弄伤女驯兽师。

而这一次的演出却不同，当女驯兽师把头伸入狮子嘴时，狮子做出了一个仿佛是在微笑的表情，随后便出人意料地一口咬碎了她的头。

经过调查知道，在表演之前，这只狮子吃过许多的肉，所以不可能是因为饥饿才咬死女驯兽师的。而且这只狮子也不可能是处在发情期，因为按照规矩，马戏团是不会让处于发情期的猛兽上台表演的。

刘侦探在经过调查和思索后终于知道了凶手是如何设计杀死女驯兽师的了。

问题和思考

那么，凶手是用什么手段，如何设计杀死女驯兽师的呢？

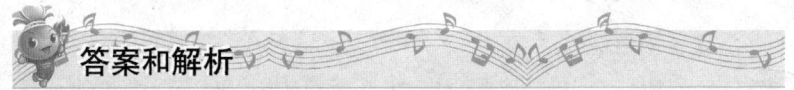

答案和解析

这是一宗巧妙地利用狮子的生理特点杀人的案件，狮子的微笑表情实际上是它想打喷嚏的表情。凶手事先暗中把一种刺激性很强的药物喷在女驯兽师的头发上，当女驯兽师在台上把头伸入狮子的口中时，狮子因受到药物的刺激而打了个喷嚏。由于狮子的力气太大，嘴的一张一合有惊人的力量，所以便不能自制地咬碎了女驯兽师的头颅。

12 不在现场的证据

这起案件发生在蒸汽机车全盛时代的1945年。大湖线上的科特车站当时不停特快车。有一天晚上，特快车在通过科特车站不久后，碾死了一位卧倒在铁轨上的女人。

开始的时候，大家都以为她是卧轨自杀，但事后的调查证实，这是一起谋杀案。被害人是在被强迫吃了安眠药，并睡熟之后，才被搬到铁道线上让火车碾压死的。

案件进展得很顺利，警方很快就找到了重大嫌疑人，此人就是与被害人正在分居的丈夫。然而，当刑警询问他不在现场的证明时，他却作了出人意料地回答："发生事故时，我就在那趟列车上。我自己乘坐的列车碾压死自己的老婆，这不是天方夜谭吗？这根本不可能呀。不管怎么说，我不是凶手。假如你们不相信，就去问列车员好了。他会证明我确实就坐在这趟列车上的。"

为此，办案人员找来了那趟列车的列车员与嫌疑人当面对质。

"真的，这个人的确就坐在车上。刚刚过了科特车站，他就来到乘务室向我打听联运轮船的时间。发生事故正是在那之后。"列车员答道。

这样一来，嫌疑犯就有了不在现场的证据，就完全可以解除嫌疑了。但是列车员好像是突然想起了什么似的又说："说起这事，警察先生，那天晚上在列车通过科特车站之前的不远处，曾经有过一次临时停车。那是因为有人跳车自杀而紧急刹车的，可是我和司机下车去查看时，发现跳车的不是人，而是一个人形的模特。"

"什么？人形模特……"

"一定是有人要阻止列车运行而放上去的，实在是品德败坏的恶作剧！"

警察一听，马上就识破了杀人凶手的犯罪手段。

问题和思考

坐在正在行驶的列车上的罪犯究竟是采用了什么手段，来利用自己所乘的这趟列车来碾压死自己的妻子的呢？

答案和解析

罪犯先用安眠药让妻子熟睡，然后把她搬到铁轨上，之后，赶紧折回科特车站的方向，把人形模特放在这一带的铁路线上。当特快列车压上人形模特紧急停车时，他又趁乱上了车。这样一来，当列车碾压死自己的妻子时，罪犯就已经在列车上故意向列车员打听联运轮船的时间了，所以有了不在作案现场的充分证据。

13 卧铺车厢的乘客

晚上 19 点从北京站发出的特快卧铺列车"东风 2 号"，在第二早上 10 点 27 分正点到达终点站上海新客站。可是，1号车厢的一名乘客却离奇地失踪了。列车从北京站出发后不久，列车员在换卧铺车牌时，那个乘客就已经换上了车上用的睡衣，正在折叠换下的西服。但是，在第二天的早晨，当列车通过南京时，列车员前来整理床铺，那个乘客的铺已经空了。因为皮箱还在，列车员以为是去厕所或者是洗脸间了。然而，到了终点站——上海新客站，仍然不见那个人的踪影，列车员便马上报告了乘警。

"因为车门不是手动的，所以绝对不会是深更半夜去厕所儿睡迷糊了而从车门掉下去的。估计是在徐州或者蚌埠停车时，到站台上去散步而被列车落下了。"列车员对乘警说。

"可是我们没有接到任何车站的联络啊？如果是被绑架，强行在中途站被带下车，那么他穿着睡衣下去不是太扎眼了吗？"乘警对这一失踪案直摇头，感到莫名其妙。

这位乘客的遗留物只有一只皮箱和一本周刊杂志以及在北京站买的一盒果脯。打开皮箱一看，里面有一身西服和衬衣，还有领带以及一套洗漱用具。西服的上兜里装有一千元现金和笔记本，名片夹，以及北京市内的公交卡、手帕、卫生纸等。根据名片夹里的名片推断，失踪者是建设银行朝阳区分行下面的某代理储蓄所所长顾小林，年龄42岁。

"遗留物就是这些吗？"

"是的，就是这些。"

"这样看来，此人既不是被绑架也不是被车落下了，而是本人故意失踪的。如果他真的是银行的人，那一定贪污了巨款躲藏起来了。"乘警断定说。

问题和思考

那么，乘警为什么断定说乘客是自己故意失踪的。他根据什么证据下了这样的判断呢？

答案和解析

遗留物中没有车票和卧铺票就是证据。如果是在深夜穿着睡衣被绑架了，或者是在车站被列车落下了，那么，车票就会留在西服的口袋里。由此看来，此人一定是在车厢中准备好了另外一套衣服，在中途换上后，拿着睡衣在中途的车站悄悄地下车躲起来了。

14 凋谢的玫瑰

威恩·海克特租用的房间只有一扇窗和一扇门,而且都从里面锁上了。警察们小心翼翼地弄开房门,进入房间,只见海克特倒在床上,中弹死了。

警官打电话给海尔丁探长,向他报告了情况:"今天早上第103街地铁车站那儿卖花的小贩打电话来报的警,说海克特在每个星期五晚上都要到他那里去买13朵粉红色的玫瑰,这种情况已经10个年头了,从未间断过,可是这两个星期他都没有去买。那小贩有点儿担心出事,就给我们打了电话。"

"从现场的初步调查来看,海克特先生好像是先锁上了门和窗,然后坐在床上向自己开了枪。他向自己的右侧倒下去,手枪掉到了地毯上。开门的钥匙就在他自己穿的背心口袋里。"

"那他买的那些玫瑰怎么样了呢?"探长询问道。

"那些玫瑰花都装在一个花瓶里,花瓶就放在狭窄的窗台上,花都已经枯萎凋谢了。另外,根据我们的分析,海克特先生死了至少有8天了。"

"房间的整个地板都铺了地毯吗?"

"是的,一直铺到了离墙脚一英寸的地方。"警官回答。

"在地板、窗台或者地毯上有没有发现血迹?"

"只有一点儿灰尘,没有别的东西。只在床上有血迹。"

"如此说来,你最好派人检查一下地毯上的血迹。"海尔丁说道。"有人配了一把海克特房间的钥匙,他开门进去,打死了正站在窗边的海克特，然后，凶手打扫清洗了所有的血迹，再把尸体挪到了床上，制造了自杀的假象。"

问题和思考

海尔丁探长为什么推断海克特先生是被人谋杀的呢？

答案和解析

放在窗台上花瓶中的13朵玫瑰花，在房间里搁了两个星期后早已枯萎凋谢，但在窗台、地板和地毯上都找不到落下的花瓣。甚至整个房间"只有一点灰尘"而"没有别的东西"。这说明这些花瓣是凶手在清除血迹时一同清除掉了。

15 咖啡杯之谜

从几天前开始，推理作家江川先生就在美嘉饭店埋头写他的小说。

这一天晚上，他写不下去了，便在饭店附近散步，调整一下自己的精神，恰巧，碰到了私家侦探刘惠民。

"噢，是刘侦探，难得见面。你这副打扮，是在跟踪谁呀？"江川先生盯着刘侦探问道。

平日西装革履的刘侦探，今天晚上穿着破旧的毛衣，戴着一顶毛线织的滑雪帽，穿着拖鞋，打扮得像个穷画家。

"这是为侦查而装扮的。你在这里干什么呀？"

"和平日一样，闷在这饭店里当罐头呀。好久不见了，喝

一杯怎么样?"

"对不起,我正在戒酒。"

"咖啡怎么样?这个饭店的咖啡很不错的。"

"可是,我这种装扮进饭店,不合适的。"

"不要紧,可以在我的房间里招待。实际上,我正想请你帮忙。"江川极力地劝说着。他们两个从登记处一个不常用的侧门进入了饭店,上了电梯。

江川先生的房间,是九楼的905号房间,房间里有一个不大的会客室和卧室。

"在这么高级的房间里写作呀!"刘侦探稀奇地打量着房间。

会客室的桌上,乱七八糟地堆放着稿纸和书本,两人进卧室后江川先生向饭店里要了咖啡和三明治。

"我必须在下周交一篇短篇推理小说,但却始终想不出有趣味的阴谋,难以下笔呀,你那里有什么素材吗?"江川说。

"私家侦探处理的案子,大都是些普通案子,对你写推理小说没有多大用途。"

"随便谈谈吧。交稿的期限马上就要到了,请帮帮忙吧。"

"既然你说得这么急……"刘侦探就把最近处理过的两三

件案子讲给了江川，但江川觉得价值不大。

"没有更奇特的案子吗？"

"这可是很难编造的，如果有那种奇特的犯罪，我也就不会做私家侦探，而去当推理小说作家了。"

正在这时，响起了敲门声。

"啊，刘侦探，杂志社的记者来访，对不起，你先坐一会儿吧。"

"如果打扰您，那我就先回去。"

"别这样，再和我聊聊，采访的时间很短，马上就会结束，在这段时间里，请您帮我想一个新奇的犯罪故事。"

江川先生说完，就把刘侦探留在了卧室。然后他带上门去会客室招待记者去啦。

记者进屋后，拿出录音机，立即开始了采访，他发现卧室里传出了电视机的声音，迟疑了一下问江川道："先生，有什么客人吗？"

"朋友来了。"江川先生回答说，但记者已经在心里认为是江川带来了女人，所以，只采访了三十分钟便草草地收场走了。

江川先生回到卧室，刘侦探还在那里看电视。

"让你久等了，很对不起。"江川坐到自己的位置上，准备喝刚才剩下的咖啡，一看桌上，忽然发现自己的咖啡杯不见了。

"哎，我的杯子呢？"

"刚才你不是带到会客室去了吗？"

"不，不会，我记得确实是放在这儿的。"尽管这样说，江川还是到会客室找了一遍，但依然没有找到自己的咖啡杯。

"一两个杯子算什么！"

"当然算不了什么,可是事情太奇怪了。"

江川再次到处寻找时,看到了刘侦探诡秘的微笑。

"啊,是你干的,把杯子藏起来了想骗我吧?"

"哪里的话,我一步也没有离开卧室,如果怀疑,你就尽力找吧。"

江川开始认真地寻找,因为是饭店的房间,其实也没有多少地方好找,他在床下、桌子抽屉、电冰箱、衣柜中都找遍了,依然没有发现咖啡杯。

"啊,我知道了,你从窗子那边扔出去了。"江川打开窗户看着楼下的地面。

房间在九楼,距离地面大约有三十米,在夜晚,完全看不见地面。

刘侦探微笑着说:"如果从窗子扔下去,杯子会摔得粉碎,我想搞点儿恶作剧,也不至于如此过分啊!"

这时,又有人敲门。

"是谁?在这种时候?"江川先生一开门,只见饭店侍者站在门口,手中拿着白色的咖啡杯。

"我把杯子给您送回来了。"

江川目瞪口呆地问:"这杯子放在了什么地方?"

"这间房下面的院子里。"

"院子里?你怎么知道是我的杯子呢?"

侍者让他看了杯子外面写的字,特种笔在杯子上写着:"把这个杯子送到905号房。谢谢! 江川"。

"多谢,辛苦了。"刘侦探斜视着呆立的江川,把小费递给侍者。年轻的侍者推辞了一下,还是带着莫名其妙的表情收下了。

"刘侦探，这一定是你干的，你收买了那个侍者，让他把杯子送来的吧。"

"你这样的胡猜没有道理。今晚只是与你偶尔相遇罢了，是被你强拉到这家饭店的，我怎么可能事前与侍者商量好呢？"

"我刚才在接受采访的时候，你可以偷偷地给登记处打电话呀。"

"那么，请你找登记处核实一下好了。"

江川的好奇心非常强烈，他立刻打电话问登记处。

"怎么样？"刘侦探微笑着问。

"你说的不错，果然没有。"

"看吧，这个杯子一定是你喝过的杯子，你好好看看这杯子边上，你是左撇子，用左手拿杯子喝咖啡，所以咖啡渍在这边。正好与右撇子的相反。"

"不错——但是，这个薄薄的瓷杯，是怎么从九楼高高的窗户落到下面院子里去的呢？说不定是你用绳子从窗户吊到院子里去的吧？"

"那么，长绳在哪里呢？你看，我可是连根细绳都没有啊，如果把咖啡杯换上精巧的玻璃工艺品或翡翠工艺品，不就是一件有趣的盗窃案了吗？这手段可以写推理小说了吧，而且，在这样的场合，必须让读者知道，罪犯接受过检查，没有带绳子。我不打算写书，你慢慢思考吧，时间不早了，恕我失陪了。"

说完，刘侦探立刻回去了。

第二天一大早，刘侦探就被电话铃声给吵醒了，电话是江川先生打来的。

"刘侦探，咖啡杯的谜被我解开了。"江川兴奋地说。随后，他说出了刘侦探所用的手段。

"呵呵，不错，只用了一个晚上就解开了。不愧为推理作家呀，呵呵呵。"

问题和思考

刘侦探究竟是用什么样的方法，从九楼把咖啡杯放到下面院子里的呢？而且放下去之后，咖啡杯还完好无损。

答案和解析

刘侦探是戴着毛线滑雪帽的，在江川接受杂志社记者采访期间，他把帽子拆了，然后用长长的毛线穿上咖啡杯的把手，用双线悄悄地从窗子里放到了地面上，然后再放开一个头儿，把毛线收回，收回的毛线卷成团，从窗户扔到了很远的地方。

16 死者是谁

推理作家赤坂京正在赶写一篇书稿,虽然交稿的日期就要到了,可他被刚才的一则赛马消息给吸引住了,满脑子想的都是明天的菊花奖得主会是谁。

正在这时,老朋友小西突然来了,一副疲惫不堪的神态,无精打采地。

"小西,看你这副样子,一定是又遇上了什么棘手的案子了吧?"

"嗯,是的,就是那件焚尸案。"

"啊,是那件案子啊,难道凶手还没有抓到吗?"

"别说凶手,就是连死者的身份,至今还没有搞清楚呢,难办呀。"小西诉苦说。

焚尸案说的是上个星期天的早晨,在郊区的杂木林里发现了一具被烧焦的男尸。凶手杀了人后,为了隐藏死者的身份,在深夜移尸至此,并浇上汽油焚烧了。

"全身都烧焦了,漆黑一团,一点儿线索也没留下。很奇怪的是,死者上衣口袋里装着的十几块方糖,因为压在尸体的下面而没有烧化。"

"方糖?奇怪,被害人在身上带方糖做什么用呢?那么,在离家出走或者去向不明的人中,有没有这种情况的人呢?"

"这种情况的有三个人。"

"什么?这种情况的有三个人?"

"是的,一个是卖马票的酒店老板林田,星期六的晚上,在酒吧喝了酒之后去向不明。据说当时他身上还带着10万元现金。"

"那么,很可能是谋财害命喽。"

"另一个是南川,一个年轻能干的公司职员。据说他从大学时代就喜欢骑马。说是星期六中午去骑马俱乐部练习,离开职员宿舍后,就再也没有回来。"

"失踪的理由是什么呢?"

"他是一个花花公子,也许是被恨他的女人给杀了。"

"那么,第三个人是谁?"赤坂京递过来一罐啤酒,感兴趣地问道。

"叫北原,是赛马报的记者,星期六没去采访,而是一大早就钻进了麻将馆,一直赌到晚上9点多钟,然后说是去洗桑拿浴,此后便去向不明了。"

"有被干掉的动机吗?"

"上个月,他发表了一篇关于赛马场比赛舞弊事件的报道,所以很可能被人怀恨在心并干掉啦。"

"这三个人全是单身吗?"

"是的。所以才无法详细地了解他们的私生活情况,也就没有办法确认尸体的身份,因此才感到十分棘手。三个人的年龄、身高都很接近,而且不可思议的是血型也一样。"

"从齿型就无法辨认吗?"

"死者的牙没有在近10年内接受过治疗的痕迹。"

"那指纹呢?"

"也不行了,两只手的10个手指头全部都烧焦了。"

"什么办法都不行啊,可是,三个人却都和马有关,真是奇妙的巧合啊。"

"我觉得你是推理作家,又是赛马迷,一定会有什么好主意，所以才抱着很大希望来请教你的。"小西一边喝着啤酒，一边看着赤坂京，想尽快听到这位好友的高见。

赤坂京对着记下的三个人的名单看了一会儿，忽然，似乎注意到了什么了："哦，原来如此啊，明白了，死者就是他。"

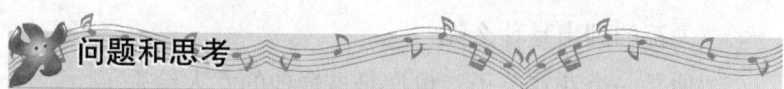

问题和思考

那么，赤坂京指出的死者究竟是谁呢？他又是根据什么判定的呢？

答案和解析

三个失踪者的特征基本一样，很难断定哪个是死者，但那具烧焦的尸体上带着方糖，这是一条重要的线索。一个男子身上一口袋里装着方糖出门，按一般人的想法是不可能的事，除非是有什么需要才会带着。这样一想，那具尸体的身份就很清楚了。他就是骑马爱好者南川。因为方糖是骑马俱乐部的骑手们在练习骑马时喂马常用的。

第五章

环环相扣的推理

1 我头上戴的帽子是黑颜色的

　　一家店铺要招聘一名伙计。这一天,来了一胖一瘦两个人。面谈并观察干活后,店主发现两个人都很优秀。店主一时无法选择,而他只想聘用一名伙计,于是,他想出了一个能把二人分出高下的有趣主意。

　　店主把两个人带进一间黑暗狭窄的屋子。店主打开灯,然后指着一个橱柜对两个人说:"柜子里共放着五顶帽子,其中两顶是红的,三顶是黑的。一会儿,我会把灯关掉,然后我们三个人每人摸一顶戴在自己头上。之后我关好柜子,再打开灯。这时你们俩要说出自己头上戴的帽子是什么颜色的,谁说得快,而且准确,我就雇用谁。"

　　两个人都觉得这个方法很公平,于是便欣然同意了。于是店主关上灯。三个人迅速各自摸了一顶帽子戴在自己头上。当店主重新把灯打开之后,那两个人同时看到店主头上戴了一顶红色的帽子。于是两个人赶紧互相看了一眼,略一迟疑,那个胖子立即抢先喊道:"我知道啦,我头上戴的帽子是黑颜色的。"

　　于是,胖子被正式录用了。瘦子也毫无怨言地离开了。

问题和思考

胖子是如何知道他自己所戴的帽子的颜色的呢?

答案和解析

因为柜子里一共只有两顶红色的帽子。当打开灯的时候，店主的头上已经戴了一顶红颜色的帽子，这是胖子和瘦子同时看到的。如果瘦子再看见胖子头上的是红颜色的，瘦子会立即判断出自己戴的是黑颜色的。同样，如果是胖子看到瘦子戴的是红颜色的，也会立即做出同样的判断，说自己戴的是黑色的。可是灯亮之后，两个人却都迟疑了一会儿，因此，胖子立即猜到这肯定是他们两个人头上所戴的帽子都一样颜色的，而且绝不是红颜色的。所以，胖子马上抢先说出了正确的颜色。

❷ 三条鱼来自哪里

有这么一个非常大的海洋馆，里面有三条分别来自中国、美国和法国的鱼，它们的名字分别是大黑、大灰和大花。

这三条鱼中，来自中国的鱼总是说真话；来自美国的鱼总是说假话；而来自法国的鱼则总是先说真话，然后再说假话。

大黑说："我来自法国，而大灰则来自中国。"

大灰说："来自美国的是大黑。"

大花说："都不对，只有那条大灰才是来自美国的。"

问题和思考

根据这三条鱼的对话，你能判断出它们究竟分别来自哪个国家吗?

答案和解析

正确的情况应该是大黑来自法国,大灰来自美国,而大花来自中国。

这从三条鱼的对话中,就可以看出。大黑和大花的后半句话相互矛盾,如果大黑说的后半句是真话,那么大灰来自中国,而由于"来自中国的鱼总说真话",所以推出大黑来自美国,如果大黑来自美国,那么,大黑所说的话都是假话,这又与假设大黑说的后半句话是真话相互矛盾,所以假设不能成立。因为大黑所说的后半句是假话,而大花说的后半句才是真话,由此可以知道,大黑来自法国,大灰来自美国,而大花来自中国。

3 划船人的证言

桥下浮起了一个溺水身亡的女孩尸体,对于这个女孩,周围的人们一无所知。警察正在为侦破这个案子发愁,他们现在真是一筹莫展。正在这时,有个男人划着小船急速地由前面向桥这边驶过来,他向警察提供了这样的证词:"刚才我向桥下划船过来时,亲眼看见了这个女孩在桥上脱下了帽子,随后跳下了河。"

看着他满脸憨厚,语句真切的样子,周围的人一下子全都相信了,纷纷议论起来。

可是精明的警察,略一思索,一下子就识破了这个男人的谎言。

问题和思考

请问,精明的警察是如何识破这个男人的谎言的?

答案和解析

人在划那种手划船的时候,船行驶的方向与划船人的面部方向是相反的。所以向着小桥急速划来的那个男人,是背部面向小桥的,所以他根本不可能看见在桥上所发生的事情。

4 弟弟是凶手吗

兄弟两人为了争夺家产反目成仇，一天，哥哥被发现死在了街头，而弟弟从此也失踪了。

警方在现场侦查，发现了这样一些基本资料：

死去的哥哥的血型是 A 型，而在他身上，还发现另外一些 AB 型的血液，是属于凶手的。

警方继续查证后，发现死者父亲的血是 O 型，母亲的血是 AB 型，但失踪的弟弟的血型却不清楚。

问题和思考

如果仅凭以上这些资料资料，是否可以认定失踪的弟弟是凶手呢？

答案和解析

根据现有的血型资料来看，弟弟不可能是凶手。因为 AB 型和 O 型血液的人结婚，子女不会是 AB 型的血型。

5 关着的抽屉

当警官一走进死者张老板的办公室，刘秘书立即就迎上前说："除了桌子上的电话，我可什么也没有碰过。当时我立即就给你打了电话。"

张老板倒在办公桌后面的地毯上，右手旁边有一支法国造的手枪。

"张老板叫我到这儿来一下，"刘秘书说，"我来到之后他立即破口大骂他的妻子和我。我告诉他一定是他弄错了。但在气头上的他已经完全无法自制。突然，他歇斯底里地大叫：'我非杀了你不可！'说着，他拉开了办公桌最上面的这个抽屉，拿出了一支手枪对着我就开了一枪，幸好没有击中。在万分危急之中，我不得已只好自卫，这完全是正当防卫。"

警官熟练地将一支铅笔伸进手枪的枪管中，将它从尸体边挑起，然后拉开桌子最上面的抽屉，小心翼翼地将枪放回原处。

当晚，警官对属下说："刘秘书是一名私人侦探，他的手枪是经注册备案的。我们在桌子对面的墙上发现了一颗法国造手枪弹头，就是刘秘书所说的首先射向他的那颗。那支枪上虽留有张老板的指纹，但他并没有持枪执照，所以我们无法查出枪的来历。不过，现在有证据可以立案指控刘秘书是蓄意谋杀了。"

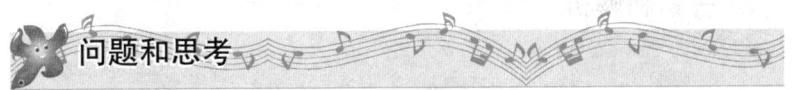

问题和思考

你知道刘秘书在哪儿露出马脚了吗？

答案和解析

刘秘书声称他除了电话什么也没有碰过,并且说张老板冲动地拉开抽屉,拿出手枪先向他射击。但是,即使是一个最稳重细致的人,在这种情形之下也不会先关上抽屉再开枪,当时,警官注意到了那抽屉是关着的。

6 巧用砝码

用天平称量物体的重量时,总少不了砝码。用1克、2克、4克、8克……的方法设置砝码,一般人都能想到,但这种方法需要的砝码数量太多,实际上,完全可以用得少一些。请你重新设计一个方案,只用4个砝码就能用天平称量1至40克的全部整数克的物体的重量。

问题和思考

怎样的一个方案,才能只用4个砝码就能用天平称量1至40克的全部整数克的物体的重量呢?

答案和解析

只要你能想到天平两端都可以放砝码,这个问题就不难解决了。所需要的砝码是:1、3、9、27克4种规格。例如:被

称量物体加 1 克砝码与 9 克砝码相等时，被称量物体的重量为 8 克，也就是等于两个砝码的差。

7 阿灵顿镇的一星期

阿灵顿镇的一家超市、一家百货商店和一家银行每星期中只有一天全都开门营业。

（1）这三家单位每星期各开门营业四天。

（2）星期日这三家单位都关门休息。

（3）没有一家单位连续三天开门营业。

（4）在连续的六天中：第一天，百货商店关门休息；第二天，超市关门休息；第三天，银行关门休息；第四天，超市关门休息；第五天，百货商店关门休息；第六天，银行关门休息。

问题和思考

在一星期的这七天之中，阿灵顿镇的这三家哪一天全都开门营业呢？

答案和解析

如果星期日是所说的连续六天中的第一天，那么根据（1）、（2）和（4），超市只能在星期日、星期一和星期三关门休息。但是根据（3），这是不可能的。

如果星期一是所说的连续六天中的第一天,那么根据(2)和(4),每天至少有一家单位关门休息。由于每星期有一天三家单位全都开门营业,所以这是不可能的。

如果星期二是所说的连续六天中的第一天,那么根据(1)、(2)和(4),百货商店只能在星期二、星期六和星期日关门休息。但根据(3),这是不可能的。

如果星期三是所说的连续六天中的第一天,那么根据(1)、(2)和(4),银行只能在星期日、星期一和星期五关门休息,而超市只能在星期日、星期四和星期六关门休息。但根据(3),这是不可能的。

如果星期四是所说的连续六天中的第一天,那么根据(1)、(2)和(4),银行只能在星期二、星期六和星期日关门休息。但根据(3),这是不可能的。

如果星期五是所说的连续六天中的第一天,那么根据(1)、(2)和(4),超市只能在星期一、星期六和星期日关门休息。但根据(3),这是不可能的。

因此,星期六是所说的连续六天中的第一天。根据(1)、(2)和(4),可以得出(C代表关门休息,O代表开门营业):

星期　日一二三四五六

银行　CCOOCOO

商店　COOCOOC

超市　COC

根据上表,必定是星期五这一天,三家单位全都开门营业。而根据(1)和(3),超市不能在星期三或星期六关门休息；因此，超市一定是在星期四关门休息。

8 充分利用小船

一条河的东岸有6个人等着摆渡，其中4个人是大人，2个人是小孩。河中只有一条空的小摆渡船。而小船最多只能载1个大人或者2个小孩。

问题和思考

假设小孩和大人一样具有划船的能力，那么，这6个摆渡客，如何只凭借自身的努力和这只小船，全部摆渡到西岸？

答案和解析

先由两个小孩划船到西岸。然后，其中一个小孩留在西岸，另一个小孩把船划回东岸。接着，由一个大人把船划到西岸，然后留在西岸，再由刚才留在西岸的那个小孩把船划回东岸。接着，再由两个小孩把船划到西岸，重复以上的过程，直至所有的人都摆渡到西岸。

9 案卷的推理

在德国的汉堡警察局，警官史特勒手持一份案件的卷宗走进了警长格奥格的办公室，将其恭恭敬敬地放在了上司的桌上。

"警长，4月14日夜里12点，位于塔丽雅剧院附近的一家超级商厦被窃去了大量的贵重物品，罪犯携赃驾车逃走了。现在已经捕获了a、b、c三名嫌疑犯在案，请指示！"

格奥格警长慈祥地看了自己的得力助手一眼，翻开了案卷，只见史特勒在一张纸上写着：

事实1：除a、b、c三人外，已确证本案与其他任何人都没有牵连。

事实2：嫌疑犯c假如没有嫌疑犯a作帮凶，就不能到那家超级商厦作案盗窃；

事实3：b不会驾车。

请证实a是否犯了盗窃罪？

格奥格警长看后哈哈大笑，把史特勒笑得莫名其妙。然后，格奥格三言两语就把助手的疑问给解决掉了。

问题和思考

那么，警长究竟是怎样断案的呢？

答案和解析

当然犯了盗窃罪。因为从事实2中可以得知，没有a的话c不会单独作案，而从事实3中又可以得知b不可能单独作案，而除了a之外，没有别人跟此案有关，由此可知，a肯定犯了盗窃罪。

10 谁养了宠物鱼

有五个不同颜色的房间；每个房间里分别住着一个不同国籍的人；每个人都在喝一种特定品牌的饮料，抽一种特定品牌的香烟，养一种特定的宠物；

没有任意两个人在抽相同品牌的香烟，或者喝相同品牌的饮料，或者养相同的宠物。

有如下线索：

（1）英国人住在红色的房子里；

（2）瑞典人将狗作为宠物养；

（3）丹麦人喝茶；

（4）绿房子紧挨着白房子，在白房子的左边；

（5）绿房子的主人喝咖啡；

（6）抽 PallMall 牌香烟的人养鸟；

（7）黄色房子里的人抽 Dunhill 牌香烟；

（8）住在中间那个房子里的人喝牛奶；

（9）挪威人住在第一个房子里 (最左边)；

（10）抽 Blends 香烟的人和养猫的人相邻；

（11）养马的人和抽 Dunhill 牌香烟的人相邻；

（12）抽 BlueMaster 牌香烟的人喝啤酒；

（13）德国人抽 Prince 牌香烟；

（14）挪威人和住蓝房子的人相邻；

（15）抽 Blends 香烟的人和喝矿泉水的人相邻。

问题和思考

现在我们想知道：谁将鱼作为宠物养？

据说爱因斯坦声称世上只有百分之二的人能解答出这个题目。

答案和解析

黄色房子，挪威人，喝矿泉水，抽 Dunhill，养猫；

蓝色房子，丹麦人，喝茶，抽 Blends，养马；

红色房子，英国人，喝牛奶，抽 Pall mall，养鸟；

绿色房子，德国人，喝咖啡，抽 Prince；

白色房子，瑞典人，喝啤酒，抽 Blue Master，养狗。

经过以上的推测，应该是德国人将鱼作为宠物养。

11 离奇的凶杀案

昨天清晨，研究院里发生了一件可怕的事情，博士生严胜利死在了观星塔最高的平台上，但他身上没有明显的伤痕。经过仔细检查，发现严胜利的右眼，被一根长约 3 厘米的细毒针刺过。而在尸体旁边，正好有一枚沾满血迹的长针。从现场情况来看，显然严胜利是自己把刺进眼中的毒针拔出来以后才死亡的。

这件事情目前还没有对外公开，因为还没有查出其他任何线索。现在，整个研究院已经因为这件事有了很大的骚动。

观星塔在研究院里是个相对独立的单位，而且，观星塔下面的大门是锁着的，没有钥匙是绝对无法打开的，令人诧异的是，大门没有被撬开的痕迹，严胜利显然是锁好大门才到平台上去的。所以警察推测凶手一定不是从观星塔的大门进去的。

这平台的位置是在四楼的南侧，离地面差不多有 26 米的距离，观星塔的旁边还有一条河流，自这边到对岸也有 40 米的距离，昨夜又刮着很大的风，即使那凶手是从对岸用吹笛把细毒针发射过来，也不可能那么准地打到严胜利的右眼。

可是，严胜利正是被此毒针打中右眼而死的。那么到底谁是凶手呢？又是用什么方法把人杀死的呢？这真是一件令人百思不解的案件。

研究院的院长想把严胜利的死亡，作为自杀事件来处理，想在研究院里简单地替他办一个葬礼，可是，谁又能相信一向信仰坚强、好学不倦、对大自然充满热爱的博士生，竟然会采用这种奇怪的方式自杀呢？

这时研究院里的人们开始议论纷纷，特别是跟严胜利最接近的潘教授，更是不同意院方所下的结论。于是就独自展开了调查，决心揪出凶手，为严胜利申冤报仇。

在调查的过程中，了解到严胜利为了更好地研究太空中的一切，每晚都悄悄地在观星楼认真观察天上的星星及月亮的活动，即使大风大雨的天气也从不间断，这种情况更加坚定了潘教授的信心，他愈发坚持严胜利是他杀而不是自杀的看法。

潘教授调查了跟严胜利最接近的几个学生，又进一步知道，严胜利是某富商的儿子，他家里还有一位同父异母的弟弟。今年夏天，他父亲因病去世，严胜利打算将他所得到的那份遗产，全部捐给研究院。可是严胜利的弟弟却认为他这种做法是相当愚蠢的，他曾经威胁严胜利说如果严胜利不马上停止自己的这种愚蠢之举，他就要向法院提出上诉，剥夺严胜利的继承权。

就在发生此案的前一天，严胜利的弟弟寄来了一个小包裹，至于小包裹里装的是什么东西，严胜利生前没有告诉过任何人，案发后再也没有看到过那个小包裹，说不定，凶手是为了窃取小包裹，才对严胜利下毒手的。这是院中的清洁工给潘授教反映的情况。

年迈的潘教授闭上了双目，他静静地思索了一会儿，又睁开眼睛，望着那水波款款的河水悠然地流着。随后潘教授找到警方分析事件的真相："这是我照情形所做的推测，根据常识和观察来判断案情，是不会相差太远的，在案情未公开之前，能不能叫人来打捞这条河，我虽然有很严密的推理，但是如果没有确凿的证据，还是不行的……"

问题和思考

那么，潘教授的推理是什么？谁是杀害严胜利的凶手呢？

答案和解析

后来，警方按照潘教授的推理，终于在河底找到了那个望远镜，这是一个长度只有 40 厘米的望远镜。严胜利的弟弟送来的那个小包裹里邮寄来的就是这个望远镜！但这个望远镜怎会和杀人案扯上关系呢？原来，这个望远镜是可以随时拆开的，严胜利的弟弟把细毒针装在了这个望远镜的镜筒内，当严胜利把望远镜放在眼镜上，用手转动镜筒中央的螺丝，来调整镜头的焦距时，藏在镜筒内的细毒针受到弹簧的反弹力便迸射出来，刺进了严胜利的右眼，严胜利惊慌失措，把手中的望远镜扔了出去，望远镜就是这样掉进了塔楼下的河里的，虽然严胜利及时用手拔掉了刺在眼中的细毒针，但是针上的剧毒还是很快发作，导致了他的死亡。

12 他们的角色

旧金山市发生了一桩凶杀案,共有六人与该案发生了关联。他们是:证人、警察、法官、凶手、死者以及执行任务的法警。死者被凶手用枪击中,当场身亡。证人虽然先听到死者与凶手发生口角,继而听到枪声,但并未亲眼见到。等他赶到现场时,凶手已经逃跑了。警方后来侦破此案,捉住了凶手,判处其死刑。

上面所说的六个人,姓名为彼得、伊凡、克雷、霍格、麦克、华尔,每个人的姓名,任意排列,不以上述职务为序。

已知:

(1) 麦克不认识凶手和死者;

(2) 在法庭上,法官曾向克雷询问过关于本案的经过;

(3) 华尔最后见到彼得死去;

(4) 警察说:"我看到伊凡离出事地点并不远";

(5) 霍格和华尔彼此从没见过面。

问题和思考

请推断与此案有关的这些人的姓名和职务。

答案和解析

死者是霍格,法警是华尔,凶手是彼得,证人是伊凡,警察是克雷,法官是麦克。

13 女人过桥

4个女人要过一座桥。她们都站在桥的某一边,她们在要17分钟内全部通过这座桥。当时是晚上,她们的只有一把手电筒。每次最多只能让两个人同时过桥。不管是谁过桥,不管是一个人还是两个人,必须要带着手电筒。而且手电筒必须要传来传去,绝对不能扔过去。每个女人过桥的速度不同,两个人的速度以较慢的那个人的过桥速度为准。

第一个女人:过桥需要1分钟;

第二个女人:过桥需要2分钟;

第三个女人:过桥需要5分钟;

第四个女人:过桥需要10分钟。

比如,如果第一个女人与第4个女人首先过桥,等她们过去时,已经过去了10分钟。如果让第4个女人将手电筒送回去,那么等她到达桥的另一端时,总共用去了20分钟,行动也就失败了。

问题和思考

如何才能让这4个女人在17分钟内全部过桥呢?

答案和解析

分别以ABCD代表四个女人。第一次A、B同过,需要2分钟;第一次A回,需要1分钟;第二次C、D同过,需要10分钟;

第二次B回，需要2分钟；第三次过A、B同过，需要2分钟。

14 逃脱死刑惩罚

战国时期，秦国实行商鞅变法，法度严明。

当时，秦孝公有一个幕僚，号称天下第一智者，犯了过失，按律当斩。秦孝公爱惜人才，想救他一命，可是又不能自己带头破坏秦律。于是，他设计了一个特殊的行刑方式，希望智者能够运用自己的智慧来拯救自己的生命。

行刑的时刻到了，刑场上站着两个武士，手中各拿着一瓶酒。秦孝公告诉智者：第一，这两瓶酒从外观上看不出有任何区别，但其中一瓶是美酒，一瓶是毒酒；第二，两个武士有问必答，但一个只回答真话，另一个只回答假话，并且从表面上无法断定他们谁在说真话，谁在说假话；第三，两个武士彼此间都互知底细，即互相之间都知道谁说真话或假话，谁拿毒酒或美酒。现在只允许智者向两个武士中的任意一个提一个问题，然后根据得到的回答，判定哪瓶是美酒，并把它一饮而尽。

智者略一思考，提出了一个巧妙的问题，然后喝下了美酒。结果，他被免于一死。

问题和思考

那么，这位智者究竟问了一个什么样的问题而找出美酒的呢？

答案和解析

智者向侍者甲提出了如下的问题:"请告诉我,侍者乙将如何回答他手里拿的是美酒还是毒酒?"

如果甲说乙回答他手里拿的是毒酒,则事实上乙手里拿的肯定是美酒。因为如果甲说真话,则事实上乙确实回答他手里拿的是毒酒,又因为此情况下乙说假话,所以事实上乙拿的是美酒。如果甲说假话,则事实上乙回答的是他手里拿的是美酒,又因为此情况下乙说真话,所以事实上乙拿的是美酒。也就是说,不管甲乙两人谁说真话谁说假话,只要智者得到的回答是乙手里拿的是毒酒,则事实上乙手里拿的肯定是美酒。

同理,如果甲说乙回答他手里拿的美酒,则事实上乙手里的肯定是毒酒。

智者设计的这个问题,妙就妙在他并不需要知道两个侍者谁说真话谁说假话,就能确定得到的一定是个假答案。因为如果甲说真话,乙说假话,则情况就是甲把一句假话真实地告诉智者,智者听到的是一句假话。如果甲说假话,乙说真话,则甲就把一句真话变成假话告诉智者,智者听到的还是一句假话。

总之,智者听到的总是一句假话。

15 老字据的疑问

北宋的天圣年间,四川仁寿县的江知县刚上任不久,就受理了一桩有关田地的诉讼案。

原告张某是个专管征收赋税的小吏,他状告他的邻居汪某无端赖占他家的良田 20 亩。

而汪某申辩说:"绝无此事,这 20 亩地其实是我祖父传下来的。去年张某来我家收税,说如果把田产划归到他的名下,我就可以不用交赋税，不用服徭役。我当时正为交不出赋税而犯愁，经不住他的软磨硬泡，于是就答应了。这样，当时我们就在商定的字据上写着将我的田产划拨给他，但事实上，根据当时我们的口头商定，田产还是属于我家的。"

张某则分辩说："在10年前，当时汪家遇有急事，是他主动提出把20亩地卖给我的，这里有字据为证。"

知县接过了字据，仔细审阅。这张叠起来的字据是用白宣纸写的，纸已发黄，纸的边缘也磨损了不少，像是年代很久了。知县将字据叠起又展开，展开又叠起。

突然，知县眼睛一亮，把惊堂木一拍，喝道："大胆刁民，竟敢伪造字据，哄骗本县，其中情节，还不从实招来！"

问题和思考

知县究竟从字据上发现了什么破绽？

答案和解析

如果真的是10年前的字据，并且是叠起来保存的话，那就应当是外面发黄，里面还是白的。而这张字据里外都呈黄色，显然有作假嫌疑。经过审讯，张某终于招了供：去年他和汪某立字据，有意将时间漏写，拿回家后补填了10年前的日期，并用茶汁将字据染成黄色，以冒充10年前的旧字据。

第六章

出乎预料的判断

1 别墅已经有人住过了

曾经有一个富商想在郊区买一幢别墅供自己享用，这对富商来说，这可不是一件容易的事情。因为这个富商有洁癖，坚决不买已经住过人的房子。经过几番周折后，这一天经人介绍，终于找到了一间据说从未住过人的别墅。

在与别墅的主人约好之后，他们一起来到郊区看房。一来到别墅，别墅的主人就介绍说："这幢别墅，买了之后我们从来就没有住过。因为两年前我就和妻子、孩子出国定居了。想到回国的次数越来越少了，所以这房子也越来越没有了用处，于是我们就打算把它卖了。"

富商听了这话，心里十分高兴，而且他对这房子也十分满意。在准备付款时，富商为了保险起见，就四处地在房内转了转，并顺手打开了衣柜，他发现里面有不少的樟脑丸。富商十分不悦，连招呼也没打，转身就离去了。

问题和思考

为什么富商十分不悦,连招呼也不打就离去了?

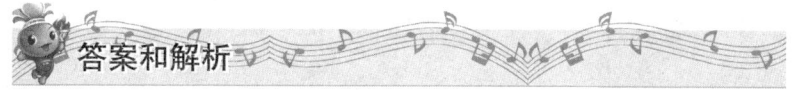

答案和解析

正是衣柜里的那些樟脑丸出卖了说谎的别墅主人。如果真像别墅主人所说的,别墅自从买了之后就没有住过的话,仅是他们出国定居就已经两年,那么衣柜里的樟脑丸早就该挥发完了,怎么还可能出现两年还没有挥发完的樟脑丸呢!

❷ 为什么变少了

小李是一名医学院大四的学生,照例,最后一学期是要实习的。小李的实习被安排在了一家中药店,这一天,他遇到一个要求水酒各煎一半的药方。于是,小李根据药方上要求的容积,分别称量出了水和酒各200毫升。可奇怪的是,当小李将两种液体混合到大容器里时,他发现刻度所显示的竟然不是400毫升,只有300多毫升,这下小李就觉得奇怪了,这是怎么回事?刚才明明同样都是200毫升的液体,怎么倒在一起就突然变少了呢?

问题和思考

为什么两份200毫升的液体,倒在一起突然变少了呢?难道是小李在称量过程中出现了失误?

答案和解析

其实小李并没有称量错,这个结果是必然的。因为液体是由分子组成的,当水和酒精混合后,由于水分子和酒精分子之间的吸引力,比没有混合之前的水分子与水分子之间、酒精分子与酒精分子之间的吸引力要大一些。所以,混合之后的分子之间排得更紧密些,这样,混合液体的总体积也就相应减小了。不过需要指出的是,这种奇特的体积减小的现象,并不是在所有的不同液体混合后都会发生的,也有些混合液体的体积不变化,甚至变大的情形。

3 过桥救公主

传说凤国的公主被可恶的女巫关在了一个高山城堡的小木屋里,凤国的国王派了很多人前去营救都无功而返。这倒不是因为女巫施了什么法术,而是因为在通往小木屋的路上,必须经过一座危险的桥。这座桥是凤国与邻近六国的交界处,下面是万丈深渊。

为了避免更多的战争,雅典娜女神派遣了一个天使来守护独木桥,不允许任何人通过,如果发现有人在过桥,天使就会把他原路送回去。天使守护在桥的中心位置,如果想通过此桥,只有趁天使睡觉的时候悄悄溜过去这一个方法。守桥的这位天使比较贪睡,经常睡觉,但有意思的是,她每次只睡5分钟就醒,然后巡视桥面,过一会儿她就会又睡。而这5分钟又不够

过桥所需的时间，因为在这5分钟里，最多只能走到桥的中间。

终于，一位聪明的骑士想出了过桥的办法。他向风国的国王自告奋勇前去搭救公主。他单枪匹马，既没有向天使求助，也没有借助于任何器具，就顺利救出了公主。

问题和思考

那么，这位聪明的骑士是如何顺利通过独木桥，并搭救出公主的呢？

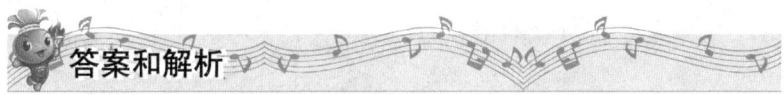

答案和解析

这位聪明的骑士是这样通过独木桥，并搭救出公主来的：当天使睡着的时候，骑士就开始过桥，而当他走到一半的时候，他就迅速转过身，缓慢地往回走。而此时，天使刚好会醒来察看桥面，当她看到骑士往回走，以为骑士是要往反方向过桥，于是，就把他"送回"，接着又闭眼睡觉，于是骑士顺利地过桥了。当他接到公主后，把上面的把戏再反方向地演示一遍就行了。

4 岛上还有人

有一架空中搜救飞机飞行到一个荒岛的上空。这是一个偏僻的荒岛，但是三年前曾经有一艘轮船被暴风雨裹挟到附近沉没了。

当飞行员在附近盘旋两圈，正要离开时，突然他发现岛上有一个人。于是，他赶紧用无线电向总部汇报，并且没有询问

任何人就一口咬定，除了发现的这个人之外，在这座荒岛上肯定还有至少一名另外的幸存者。

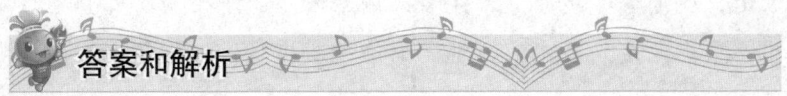

问题和思考

飞行员凭什么就能断定，除了发现的这个人之外，在这座荒岛上肯定至少还有一名，另外的幸存者呢？

答案和解析

原来，让飞行员做出这个判断是因为他发现的那个人是一个活泼健康的正在玩耍的两岁孩子。试想，如果没有大人的照顾，一个孩子是不可能单独地存活在一个荒岛上的，因此，飞行员断定，至少还有一个大人也居住在这个荒岛上。

5 你眼睛才瞎

马克·吐温小的时候就聪明过人,在他的家乡至今还流传着他智捉盗马贼的故事。

有一天,村子里的一户人家的马被盗马贼偷走了。村民们四处打听寻找,终于有一天,有人在集市的牲口市场上看到了那匹马。可是,正在卖马的盗马贼死活也不肯承认这是偷来的马。

由于马的主人一时拿不出有力的证据来,盗马贼就反咬一口,说村民们诬陷他,要他负诬陷好人的责任,一边说着一边想骑上马赶紧溜掉。恰在此时,马克·吐温赶过来了。调皮的他,马上上前去蒙住马的眼睛,接着问了盗马贼几个问题。很快,就诱使盗马贼在众人面前显露了原形,不得已,只好承认马是自己偷来的。

问题和思考

那么,马克·吐温究竟问了盗马贼一些什么问题呢?

答案和解析

马克·吐温问盗马贼:"你说这马是你的,那么你知道这匹马哪只眼睛是瞎的吗?"盗马贼一下愣住了,因为马是偷来的,他根本不了解这马的情况,更不可能注意到马的哪只眼睛是瞎的。于是,他只好瞎猜:"是,是左眼。""马克·吐温马上放开捂着马左眼的手，马的左眼亮闪闪的，一点也不瞎。盗马贼一看，马上改口说："噢，不，是我记错了，是右眼，对的，就是右眼。"马克·吐温接着又把捂着右眼的手放开了，马的右眼同样也是亮闪闪的，根本也不瞎。这时，马克·吐温说："根本两只马眼都不瞎，是你瞎！"这时盗马贼无话可说了，只好承认马是自己偷来的，并把它还给了马的主人。

6 死者身边的字母

在大峡谷的上游发现了古代遗迹。于是，文物工作者波特、亚瑟和斯特劳三人组队前往考察。一天夜里，波特一人外出调查后便再也没有回旅馆，大家都很为他担心。

第二天上午，波特的尸体在河边的悬崖下被人发现了，看上去像是死于坠崖，纯属意外。

经法医鉴定，波特死于昨天晚上十点钟左右。勘查现场时，发现死者右手边的沙地上写着一个字母"Y"。

"这是临终留讯。是死者被杀前将凶手姓名留下作为线索吧？"朗波侦探问道。

"那个叫亚瑟的很可疑。因为他名字的开头是'Y'。"警官说道。

亚瑟辩解说："别开玩笑了，我一直待在旅馆里，怎么会杀波特呢？再说，我也没有作案时间啊！"

"等等，被害者是颈骨折断后立即死亡的。昨晚十点你在哪儿？"

"我一个人在房间，没有办法能证明。不过，如果我有嫌

疑，斯特劳也有嫌疑。"

斯特劳生气地说："你在胡说些什么啊？"

"不对吗？昨天波特偶然发现了许多陶偶，你要求和他共同研究，结果遭到了他的拒绝。"

"我承认，但你也说过这话。还有那个叫拉维尔的老头也很可疑。"

警官追问："哪个拉维尔？"

"就是那个对乡土史很有研究的拉维尔。他一个人在默默地调查遗迹，我们加入后他很生气，对于我们提出的所有问题，他一概拒绝回答。"

警官双手环抱胸前，不知在想什么。突然，朗波有个新发现："被害者把手表戴在右手腕上，那么亚瑟提示，波特应该是个左撇子了？"

"对！"

"嗯，还有一个问题，斯特劳先生，你和波特认识多久了？"

"昨天才见面的。"

"很好，凶手是谁已经很清楚了。"

问题和思考

那么，凶手究竟是谁呢？警官是如何判断的呢？

答案和解析

被害者是颈骨折断后当场死亡的，他根本不可能在地上留下字迹。所以，"Y"字是凶手写的。可以肯定不是拉维尔，

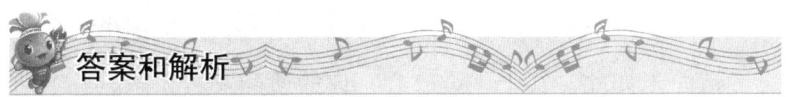

因为拉维尔根本不认识这三位考古者，当然不可能知道"Y"这个字母。亚瑟也不是凶手，如果是他，就不会留下自己名字的符号。所以说，凶手只能是斯特劳，他将他们三人之中的一个杀害，然后打算嫁祸给另一个人。

7 遗产在哪里

一天，一位年轻的女士慕名来找纳斯瑞丁。她对纳斯瑞丁说了这样一件事：

"我伯父单身一人，他的财产约有10万元，换成现金和宝石，保存在银行的金库里。然后他把钥匙留给了我，留下遗嘱，死后将遗产留给我。上个月，我伯父病故了，我到银行里去取遗产，可金库中只放着个信封。"

说着，她从手提包中取出了那个信封。

这是一个极为普通的信封。上面贴着两枚陈旧的邮票，其他什么都没有，既没有收信人的姓名和地址，也没有发信人的地址。

纳斯瑞丁把信封拿到窗前明亮处对着光线照看，一无所获。

纳斯瑞丁沉思了片刻，问道："你的伯父生前有什么特别的嗜好或者古怪的性格吗？"

"这个我不太了解，只是记得伯父他喜欢读推理小说。"

"原来如此，女士，请放心，你的遗产安然无恙。"纳斯瑞丁笑着说。

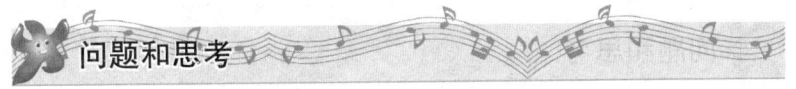

问题和思考

那么，这位女士的10万元的遗产到底在哪里呢？为什么纳斯瑞丁说她的遗产安然无恙？

答案和解析

原来，遗产就在信封上贴着，就是那两枚价值不菲的邮票。

⑧ 阴险的溺水案

一个星期天的早晨，拉丁湖水面上浮起了一具垂钓者的尸体。看上去像是在乘租用的小船垂钓时，不小心翻船，溺水而死的。死亡的时间是星期六下午5点钟左右。

开始这起死亡事件被大家认为是单纯的意外，但经刑警仔细调查后，认定是一起谋杀案，而凶手竟然是死者的朋友，因为他欠了死者一大笔债。

可罪犯当时有不在现场的证明，星期六他租用了另一条船在湖中与被害人一起钓鱼，下午3点钟左右与被害人分了手，一个人乘坐15点40分出发的公交车回到了市中心自己的家里。公交车到达市中心他家附近车站的时间是18点30分。这期间罪犯一直坐在公交车上，并且有公交驾驶员确切的证词。

可是，当刑警了解到这个人在一所大学的附属医院做药剂师时，便揭穿了他作案的手段。

问题和思考

罪犯究竟是用了什么样的手段使被害人溺水而亡的呢?

答案和解析

罪犯使用了麻醉药。与被害人一起钓鱼的罪犯,在下午3点钟离开时用麻醉药使被害人睡着。然后起身离去。不久,当被害人从昏睡中醒来想坐起来时,由于身体摇晃而使小船翻船,导致被害人落水溺死,时间正好是下午5点钟左右,而此时,罪犯已经在开往市中心的公交车上了。

9 死者手里的扑克牌

一天早晨,一直单身生活的扑克占卜师福尔摩斯在自己公寓的房间里被杀了。他是被匕首刺中后背致死的。据推测,被害的时间是在前天晚上9点钟左右。看上去是在占卜时受到了突然袭击。尸体旁边丢的到处都是扑克牌。被害人死时手里紧攥着一张牌,是一张方块Q。

"为什么福尔摩斯死的时候,手里会攥着一张方块Q呢?"办案人员都感到奇怪。

"很可能是想留下凶手的线索,才抓在手里的。"刘侦探说。

"那么说,凶手是与钻石有什么关系了?"

"扑克牌的方块与宝石中的钻石不同,是货币的意思。黑桃是剑,红桃是圣杯,梅花表示棍棒。"刘侦探解释说。

不久，侦查结果出来了，浮现出了以下3个嫌疑人：一个是职业棒球投手，男性；一个是宠物医院的院长，女性；还有一个是歌舞团的演员，男性。

"3个人似乎都与扑克牌里的方块没什么关系。"办案人员感到纳闷。

"即使没关系，这个家伙也是凶手。"刘侦探果断地指出了真凶。

问题和思考

那么，刘侦探指出的真凶是谁？他是根据什么断定的呢？

答案和解析

凶手是宠物医院的院长。扑克牌里的方块儿Q是女王，也就是女人。3个嫌疑犯中只有宠物医院院长是女性。职业棒球投手和歌舞团的演员都是男性。被害人为了暗示凶手是女人，临死前抓到了方块Q这张牌。

10 冰下的少女

在一个冬天的夜晚，几个年轻人正在屋中玩牌赌博。

"失火了！"突然，外面传来了撕心裂肺的喊叫声。几个人不约而同地往窗外看去，大火好像是从后院烧上来的，离这儿还有一段距离。当他们放下手中的牌一同向外奔去时。消防车还没有赶到，现场只有刚才喊失火的那个保安员，手里提着一瓶灭火器正惊慌失措地不知如何是好。赶到现场的几个年轻人不容分说，勇敢地扑向大火。扑打了好一阵子，火势似乎控制不住。

"快取消防水来，附近就有！"

"也许水都冻上了！"

"管它呢，去看看再说。"几个人一道跑向装有消防水的水槽，打开水槽盖子一看，水果真是冻上了。这早已在预料之中，但没料到的是，冰下竟然躺着一个人，一个年轻的少女一丝不挂地沉睡在下面。其中一个胆儿大的人果断地打破水槽里的冰，将尸体抱了出来，她似乎是被掐死后投到水中去的，看样子，已经死了多时了。这时三个人的耳中传来了消防车的笛声。

这个地区检察院的秋思检察官和当地派出所的白思远被人称为黄金搭档，这次又是他们联手办案。

"秋思先生，从作案的机会来看，凶手是住在这栋公寓的某个人，而且肯定是甲田和乙川中的一个。"

"可这两个人在推定的作案时间内都在玩牌呀。"

"是的，但两人在玩牌的中间都各自出去过一次，甲田是失火前一小时，乙川是失火前十五分钟。据他二人自己说，虽然外面天气很冷，但因为输赢数目大，所以玩得很热，因此到外面去透了口空气，但很快就回来了。这一点其他在场的人可以作证。尽管如此，我觉得将少女杀死再脱去其衣服扔到水槽中，有这么点儿时间是绰绰有余的。"

"两个人都有作案动机吗？"

"是的，两个人都是被害人打工的酒吧的常客，甲田是死者现在的情人，乙川是死者过去的情人，而乙川目前正在同他老板的女儿谈恋爱，说不定被死者握有什么把柄，对其敲诈也未可知。"

"嗯……凶手应该是乙川。假如凶手在行凶时，在放火的定时装置上做了什么手脚的话，那么失火前一个小时出去过的甲田就不是凶手。他是否发现了有用过可在一个小时后着火的定时装置的痕迹呢？"

"这么说，检察官先生，你认为是凶手放的火吗？"

"一着起火来，人肯定是手忙脚乱的，不知如何是好，可想起用消防水，以及破冰将尸体抱出的恐怕都是乙川吧。这分明是想让人尽快发现尸体……你身上带着火柴吗？"

白思远东掏西摸地从上身口袋中翻出一盒火柴递给秋思。秋思点上一支烟，然后将过滤嘴去掉，再将烟无火的一端置入火柴杆与火柴盒之间，眼看着烟一点儿一点儿变成了烟灰，大约十五分钟后，啪的一声火柴盒燃烧了起来，尽管是放在了烟灰缸的中央，可腾起的火苗还是蹿了好高。"这样你就该清楚了吧，火灾现场肯定会留下这种火柴的灰烬。"

"可是有一点我没弄明白，假如乙川是凶手的话，当他将尸体扔入水槽时尚未结冰，而此后十五分钟尸体怎么就被封入冰下了呢？"

"扔入尸体后不可能很快就结冰，哪有这么偶然。如果法庭上被律师抓到这一点可是站不住脚的呀！"

"放心吧，作案手段嘛，在开庭前肯定会拿给你的。"秋思检察官充满自信。

问题和思考

那么,凶手究竟是采用了什么样的手段来掩盖自己的罪行的呢?

答案和解析

终于到了开庭的日子。辩护律师果然抓住了"结冰"这一点纠缠不放。秋思检察官胸有成竹,传唤了证人,附近一所大学的张教授出庭,并经过审判长的同意,让证人当庭做了个简单的实验。这是一个在小学大家都曾做过的冷却实验,本来没有必要让一个大学教授特意出庭来做证。

将盛在烧杯中的水慢慢冷却,当水温达到摄氏零度时仍不结冰,当水温降至零下2度左右,教授震动了一下烧杯,眼见杯中的水面开始慢慢结冰。处于冷却状态下的水是极不安定的,所以哪怕是一点儿微小的震动,也会很快冻结起来。

"……被告正是熟知消防水经常处于冷却状态这一点,才用这种手段作案的,妄图以此转移视线,逃脱法律的惩罚。"秋思检察官在最终的求刑陈述中接着陈述说:"被告将被害人骗至水槽旁,在确认水尚未结冻之后将被害人掐死。万一水已经结冻,他也许会暂缓杀人,另觅时机的,但一向以嗜赌为乐的被告此时也孤注一掷地把宝押在了水没有结冻上面。被告之所以要扒光死者的衣服,其用意显然是要加速尸体冷却,以制造死亡时刻早于实际死亡时间的假象,而且裸尸更难于辨别身份,又不用担心衣服未被水完全浸透而露出破绽。再者,刚才已经提到过的准备了火柴做导火索,企图将脱下的衣物焚之一炬。而且,尸体一经发现,自己又抢先破冰抱出尸体,无非是为了避免有人对刚刚结冻的冰的薄厚引起注意。归根到底,虽然被告在决意行凶前对不确定的可能性尚存侥幸一面,但其行凶杀人后的所作所为无不可以断言:这是一起经事前预谋,精心策划,极为凶残的犯罪。"

11 咖啡暴露了凶手

侦探哈利到森林中去打猎,看见天色已经晚了,便在空地上支起了帐篷,准备宿营。

忽然一个年轻人跑来告诉哈利,他的朋友卡特被人杀害了。哈利问他叫什么,他说:"我叫菲尔特,一小时前,我和卡特正准备喝咖啡,从树林里突然钻出两个大汉,将我们捆了起来,还把我打昏了,等我醒来一看,卡特已经……"

哈利听完后,拍拍菲尔特的肩膀说:"走,一起去看看。"于是便跟着菲尔特来到了宿营地。卡特的尸体放在快要熄灭的火堆旁,两条绳子散乱地扔在卡特的脚边,旁边的帆布包被翻得乱七八糟。哈利俯下身,看见卡特的血已经凝固了,哈利断定卡特是一个小时以前死亡的,凶手是用钝器击碎颅骨才使他丧命的。

哈利又把目光拉回到火堆上,火烧得很旺,黑色的咖啡壶发出"嘶嘶"的声响,刚刚烧沸的咖啡从锅里溢到锅外,发出迷人的香气,滴落在还没有烧透的木炭上。

哈利默默地站了一会儿,突然,他掏出手枪对准菲尔特说:"你别再演戏了,老实交代吧!"

哈利为什么能断定凶手就是菲尔特？

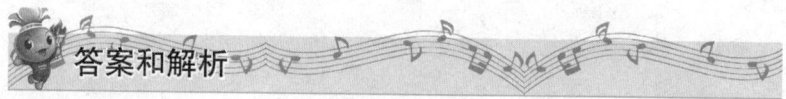

如果这咖啡是 1 小时前暴徒来时就煮好了的，那么现在早就干了，而不可能溢出来。这一定是菲尔特先杀了卡特，然后才开始煮的咖啡。

12 博士的遗产

独自住在郊外的丁博士在自己的家里被人开枪打死了。丁博士的尸体是在第二天早上被帮工赵妈发现的。尸体倒在书房的正中央，胸前中了一枪。带着灯罩的电灯从天花板上垂了下来，灯还亮着。丁博士穿着礼服，就倒在灯下。

窗户关着，窗帘也拉着。在窗帘和玻璃上有一个弹孔，死亡时间推定为前一晚上 9 点钟左右。侦查科长老赵和助手小王奉命赶到了现场，他们环视整个房间。当地保安队长对情况简略地介绍说："犯人是从院子对面的杂树林里开的枪，距离大约是 40 米，一枪命中，枪法确定不一般。根据这一点，应该不久就可以找出凶手。"

老赵提出了一个疑问："黑色窗帘的布料很厚，即使屋内开着灯，室内的人影晃动在外面也很难看清楚，而且，丁博士

是在电灯下才被击中的,他的影子当时是不会映到窗上的。那么,犯人究竟是怎么瞄准射击的呢?难道是被偶然打中的吗?"

赵科长的疑问,保安队长无法解答,只得答应在天黑时做一次试验。这时,赵科长看见了房门旁的电灯开关,便试着按了两三下,书房的电灯一亮一灭,并没有什么异常。

经过试验,印证了赵科长的疑问。"从窗帘的缝隙处,可以知道室内是否开着灯,但却看不清屋里的物品,可是罪犯只用了一枪便击毙了他,说明这的确是位神枪手,也许罪犯非常自信自己的枪法了。"治安队长也感到这有些奇怪。

"已经大致确定嫌疑人是谁了吗?"老赵单刀直入地问。

"有两名重大嫌疑人,是丁博士的两个侄子,利明和利祥。由于丁博士现在是独身,又没留遗嘱,所以丁博士死后,遗产将由他们两人各自继承一半。丁博士有相当一笔可观的资产。"

接着他们便询问了利明和利祥。由于没有确凿的证据,一时无法定案。

实际上,在案发的当天晚上,两人就在叔父家共进晚餐。之后,3人在书房隔壁的起居室里聊天。据说8点30分的时候,利明和利祥回家去了,而帮工赵妈则早在7点30分就先走了。期间,两个侄儿分别进去过书房一次。先是利明在闲谈中,丁博士的烟抽完了,他进书房去取。临走之前,利祥从书房里借了书后回去。在此期间,丁博士一次也没有进过书房。这些,刚才利明和利祥都确认了,并录了证词,而且丁博士一直把他们送到了大门口,然后关上了门。不料进入书房后就被射杀。第二天早上案发时,他家的门还紧关着,呈密室状态。

再说，两个侄儿住在各自的公寓里。据他们自己说，在叔父家门口告别后，一个向左，一个向右各自回去了。赵科长想到这里，闭目沉思着。片刻后，赵科长突然睁开眼睛，对治安队长说："据赵妈讲，她发现尸体时，书房里的电灯还亮着，是不？"

"是的，电灯亮着。"

"那我知道谁是凶手了。"

问题和思考

根据赵科长的推理，为什么只要电灯亮着，就可以知道谁是凶手了吗？

答案和解析

凶手是利祥。他从叔父家回去前，最后进入的书房，这便是证据。他从书房出来时，关上了灯头上的开关。侄儿走后，丁博士进入书房，他按下了墙上的开关，电灯不亮。于是，他便去打开灯头上的开关，把电灯弄亮。这时，丁博士正好站在电灯的正下方。所以，从书房的窗户看到电灯亮的瞬间，被害人肯定在电灯的正下方，即使窗上没映出影子，罪犯也能瞄准射击。而书房的电灯在什么位置，利祥早就事先测定好了。

13 汽车前盖上的猫爪印

在一个寒冷的冬天，一段时间以来一直异常干燥。然而让人高兴的是，这天从子夜一点钟开始，竟然下了一场雨夹雪，小雪夹着雨，下了一个小时左右。正巧在这段时间里，在市郊发生了一起酒驾撞人恶性逃逸事件，一个醉汉驾着汽车撞了行人后，驾车逃离了。

这个司机 30 分钟后逃回到市内的家中，将车泊到了院子里的车库内，车库的顶棚只有一层石棉瓦，地面是水泥的，他迅速地用水管冲洗了湿漉漉的轮胎，然后冲洗了车子出入的痕迹。让他感到幸运的是，幸亏车身上没有留下明显的痕迹，连车灯也没有损坏。细心的他又把被雨淋的车身用干毛巾仔细地擦过，而且他还把一个轮胎的气放掉了。可是，在他逃离现场时，目击者记下了他的车牌号码，所以警察很快就在资料室里锁定了车主。

晚上 11 点，刑警找到了逃跑罪犯的家。他矢口否认近几天曾经出过车。警察检查他存放在车库里的汽车，并询问他不在现场的证明。

"正如你们所见，我的车子前几天就放炮了，所以这几天一次也没有开出去过。所以，逃跑的罪犯肯定不是我，目击者一定是记错了车号。"他极力辩解。

车前盖上不知什么时候留下几处猫爪印儿，是猫带泥的爪印和卧睡的痕迹。

"你府上养猫了吗？"

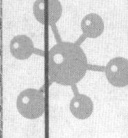

"没有，这是邻居的猫，或是野猫吧。经常钻进我家院子里来，在车上跳上跳下地淘气。"

"的确，如果是那样的话，你所说的这车子几天前就放炮了的说法是不能信服的呀！你可以若无其事说谎，可猫和汽车都是老实的。"

警察当场就揭穿了他的谎言。

问题和思考

警察是如何揭穿他的谎言的呢？

答案和解析

当警察看到前箱盖上印着猫走过的泥爪印时，刑警便揭穿了那家伙的谎言。因为，在寒冷的冬季，猫之所以喜欢爬到前箱盖上去，是因为那里暖和。罪犯抛下被撞的行人不管，逃回家中，将车存放在车库内。但是，那之后即使发动机停转，但前箱内的热量却不会马上消失。对于猫来说，这是很好的取暖设备。在逃离现场之前，如果猫上过前箱盖的话。因为前些天持续干燥天气，也是不会留下泥爪印的。在逃离现场事件前后，下了雨，车库旁的院子地面是湿的；所以，猫才是以泥爪子爬上了车前。

14 密室被杀案

女招待小百合在公寓里被杀了，她头的后部有被钝器击中的痕迹，她俯卧在屋子的中央，手里还拿着一条珍珠项链。小百合是个财迷心窍的人，听说她经常把钱借给同事，然后收取高额利息，做着放高利贷的生意。对于不能按时还钱的人，她竟然不顾情面地索取饰品、礼服等作为抵押。所以人人都很痛恨她。就连她死时手里紧攥着的项链，也是从向她借贷的同事李圆圆那儿索要来的。

奇怪的是，她房间的窗户都上着锁，门也从里面挂着门链，也就是说，小百合是在密室中被杀的。这样一来，项链的主人李圆圆也就成了杀人的嫌疑犯。然而，李圆圆是怎样杀死小百合的，却始终是个谜。

问题和思考

真相究竟是怎样的呢？

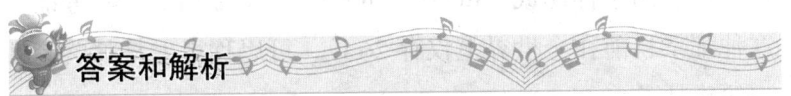

答案和解析

事实上，罪犯是隔着门链用榔头击中了小百合的头部致死的。窗户上着锁，门也挂着门链，罪犯是进不去，但即使如此，也不能说这是一间安全的密室。因为，上着门链的门如果不锁照样能开几厘米的门缝，罪犯正是利用了这个空间。那一天，李圆圆因为还不上小百合的债，不得不将自己心爱的项链交给了小百合作为抵押。小百合虽然在嘴上说可惜，但还是贪婪地收下了，李圆圆一时生起了恶念。但是，格外小心的小百合是绝不会轻易让别人进屋的，接钱接物时总是在门口，而且挂隔着门链进行的。因此，李圆圆心生一计，她故意将项链放在隔着门链能看得到且能够得到的地方，在小百合弯腰去拿时，李圆圆在门外用藏在身后的榔头猛地敲击她的后脑勺，但由于李圆圆的力气小，这一击并没有立即致命，小百合号叫着，抓着项链跑回了房内，但终因伤势过重跑了几步，就倒在了地上。

15 "邮局邮票"藏在什么地方

有一年，日本的邮票收藏家秀夫，在纽约的邮票拍卖市场上以15万美元的价格拍下了一枚"邮局邮票"。

这枚邮票是1847年在印度洋上的一个英属殖民地——毛里求斯岛上发行的。当时岛上连一个像样的印刷所也没有，因此，这批邮票是由一个钟表匠采用凹版印刷制作的，而且不知是由于疏忽还是出于其他什么缘故，竟然把"POST·PAID"（邮资已付）的字样印成"BOST·OFFICE"（邮局）。经考证，这种邮票目前在全世界上仅存26枚，可以称得上是邮票珍品中的珍品了。

拍卖结束后，秀夫避开舆论界的纠缠，悄悄地离开拍卖市场，往自己下榻的旅馆赶，他打算回去好好地欣赏自己用15万美元买到手的珍品。

然而，当他走到地下停车场，就要拉开车门的时候，头部突然被人从背后用钝器狠狠地猛击了一下，秀夫只觉得头部一震，眼前一黑，迅即失去了知觉。

当他醒来的时候，发现自己的手脚被紧紧地捆绑着，关在一间不知是什么地方的汽车库里，身边坐着三个戴着墨镜的人。秀夫观察周围，知道自己被一伙专门抢劫世界上名贵邮票和收藏品的强盗们绑架了。因为不久前，在伦敦、巴黎等地屡屡发生名收藏家遭劫、贵重珍品被抢的案件，这伙强盗在收藏界早已臭名昭著了。

秀夫因为早就知道有这伙强盗存在，所以早有提防，已经将邮票妥善地藏了起来。

"如果你想保命的话，那就乖乖地把邮票交出来。我们要的是那张'邮局邮票'。"强盗团伙的头目用手枪指着秀夫威胁地说。

"我不知道有你说的什么'邮局邮票'。"秀夫断然否认。

"你别装傻啦！我们是从拍卖市场一直跟着你来到这里的！"

"既然是那样，那你们就搜好了。"

他们搜遍了秀夫的衣服口袋，但口袋里只有支票、一些美元现钞和手帕、汽车钥匙以及使用过的一张明信片。明信片上绘有富士山图案，是从日本寄来的。

"就是明信片上贴着的这张邮票吧？"

"绝对不是，你别装糊涂，这只是一枚日本极普通的纪念邮票，别看尺寸挺大的，其实连一美元也不值。"

"可是，我没有见到还有其他邮票呀。"一名绑匪对拿枪的这个头目说，"头儿！这个家伙会不会是把邮票藏在拍卖行的寄存柜里啦？"

"不会的。他只去过一次厕所，然后就来停车场了。他是不会把花了15万美元高价买来的邮票轻易放在什么地方的。"

来！把他的衣服给我扒光，仔细地搜，就一张小小的纸片，他能藏在什么地方？"

于是，绑匪们迅速地扒光了秀夫的衣服，用剃刀把西服和内衣一点点地剥开，把鞋割成碎片，从头到脚，甚至连头发里都仔细地搜了个遍，但最终还是没有找到那枚价值15万美元的"邮局邮票"。

问题和思考

那么，秀夫到底把那枚"邮局邮票"藏到哪里了呢？当然，邮票他是一直带在身上的。

答案和解析

其实，"邮局邮票"就在秀夫身上。秀夫拿到"邮局邮票"之后，将它贴到有富士山图案的那张明信片上，然后再在上面贴上了普通的日本纪念邮票。绑匪们怎么也不会想到，价值15万美元的"邮局邮票"就贴在那张使用过的不值钱的纪念邮票的后面。